AF549165

Heike B.Tschirner

Meerschweinchen

... was uns glücklich macht!

Haltung, Ernährung und Gesunderhaltung

Ein Lernbuch für Kinder/ Jugendliche

und junggebliebene Erwachsene

NOEL-Verlag

Originalausgabe - September 2012
Überarbeitete Ausgabe – Februar 2025

NOEL-VERLAG
Hans-Stephan Link

Achstraße 28
D-82386 Oberhausen/Oberbayern
www.noel-verlag.de
info@noel-verlag.de

Die Deutsche Bibliothek verzeichnet diese Publikation in der Deutschen Nationalbibliografie, Frankfurt; ebenso in der Bayerischen Staatsbibliothek in München.

Die Autorin übernimmt die Verantwortung für den Inhalt des Werkes. Handlung und Namen dieser Geschichte sind frei erfunden. Namensgleichheiten und andere Ähnlichkeiten mit lebenden oder verstorbenen Personen sind zufällig und stellen keine Diffamierung oder Beschuldigung dar.

Autorin: Heike B. Tschirner
Cover-Illustration: Heike Georgi
Buchumschlagsbearbeitung: Gabriele Benz
1. Auflage
Printed in Germany
ISBN 978-3-942802-84-0

TIERSCHUTZ ...
fängt bereits im Kindesalter an.

Erst wenn Kinder und Jugendliche lernen, dass Tiere keine „lebendigen Spielzeuge", sondern Lebewesen - genau wie sie selbst - sind, dass sie Bedürfnisse und auch Gefühle haben, ist ein Zusammenleben möglich. Denn bei fehlerhafter Haltung und falscher Ernährung leiden die Tiere still vor sich hin und sterben.

Jedes Lebewesen auf der Erde ist „wertvoll" und sollte respektiert werden, indem seine Bedürfnisse erfüllt werden.

Warum dieses Buch?

Was macht ein Tier aus? Spielt die Größe eines Tieres eine Rolle, wie viel es „wert" ist?

Ist ein Meerschweinchen weniger wert, als ein Hund oder ein Pferd?
Wird der „Wert" eines Tieres an seiner Größe gemessen? Oder an den Anschaffungs-, Unterhaltungs- und Futterkosten?

Erfährt ein kleines Tier weniger „Wertschätzung"?

Das würde bedeuten, dass jedes noch so kleine Tier, sei es eine Spinne, Fliege oder Ameise, in unseren Augen keinen „Wert" oder keinen „Lebenswert" besitzt.
Bei den Haustieren kann man das tatsächlich so sehen. Je geringer der „Anschaffungs-Wert", (ein Meerschweinchen kostet zwischen 30 - 80 €, ein Hund ca. 300 - 1.000 €, ein Pferd ist noch viel teurer), desto mehr „wert" ist es.
Das heißt die „Wertschätzung" eines Tieres wird in unserer Gesellschaft am Preis gemessen.

Manche Menschen glauben, dass ein Meerschweinchen, weil es ja so klein ist, kaum Ansprüche hat.

Reicht da nicht ein Käfig von 1,0 Meter aus? Das ist doch preiswert - oder?
Und wenn es stirbt, ohne dass der Mensch hinterfragt, warum es starb, da es ja so günstig in der Anschaffung war, wird einfach ein neues Meerschweinchen gekauft. Wir sind leider eine „Wegwerfgesellschaft der Tiere" geworden. Hat das Gesetz da doch recht, wenn es das Tier als „Sache" ansieht? Wo bewegen wir Menschen uns hin? Wir werden immer unsensibler und gröber.

Aber haben die Tiere nicht alle, egal ob klein oder groß, ob billig oder teuer, ihren „Lebenswert" und „ihr Recht auf ein artgerechtes Leben"?

Sie möchten respektiert und akzeptiert werden, sie brauchen einen ausreichend großen Lebensraum, artgerechtes Futter und Artgenossen zum Leben. Es sind Lebewesen mit Herz, Gefühlen und einer Seele, wie wir Menschen auch.

Sie haben eine Daseinsberechtigung auf dieser Erde, genau wie wir Menschen. Sie haben ihre Aufgabe und begleiten uns Menschen, auch wenn viele Menschen den Tieren die Hölle auf Erden bereiten, ihnen ihren Lebensraum zerstören, sie jagen und ausrotten. Wie oft werden sie misshandelt, ausgesetzt und hilflos zurücklassen ...

Wir haben alle, egal ob Mensch oder Tier, den gleichen „Wert“. Nur die Tiere können sich nicht wehren.

„Jedes Tier und sei es noch so klein, hat auf der Erde eine Aufgabe zu erledigen, achte dies und freue Dich immer, wenn du Tiere siehst. Sie bringen dir Glück ins Herz hinein!“

„Lady Cindy“ –
Botschafterin der Meerschweinchen

Inhaltsverzeichnis

Nach jedem Kapitel stellt **„Lady Cindy"** dir Fragen, sie möchte wissen, ob du alles verstanden hast.

Unsere Ernährung – ist ganz wichtig

Unsere Gesunderhaltung

Besonderheiten der Meerschweinchen

Urlaubszeit – und wir Meerschweinchen?

Der Der Tierarzt-Besuch

Alte

Meerschweinchen

Auch Meerschweinchen

sterben ...

Kleine Meeri-Apotheke

Pflege-Grundausstattung

Fragen

vor der Anschaffung

Meerschweinchen-Dame Lady Cindy

Lady Cindy
in jungen Jahren

2007

Mein Name ist Cindy.
‚Lady Cindy' wohlgemerkt!!

Ich bin eine weise Meerschweinchen-Dame und bereits über 10 Jahre alt. Wie ich so alt wurde und wie ich lebe, möchte ich dir gerne erzählen.

Ich habe das Glück, einen sehr einfühlsamen und verantwortungsbewussten Menschen zu haben.
Sie hat sich jahrelang rührend um mich und meine Artgenossen gekümmert, ihr Name ist **Heike**.

Nein, sie ist kein Kind mehr, sondern längst erwachsen, aber sie hat das Herz auf dem rechten Fleck und viele von uns Meerschweinchen aus schlechter Haltung gerettet, aufgenommen und gesund gepflegt.

Wir haben ein schönes, artgerechtes Zuhause und wir werden artgerecht ernährt.

Da ich die „Älteste" in unserem Rudel bin, wurde mir als **„Botschafterin der Meerschweinchen"** die Aufgabe übertragen, dir zu erzählen, was wir uns vom Leben bei dir wünschen.

Ich will damit erreichen, dass die Menschen dieses Buch sorgfältig lesen, damit sie in Zukunft mit uns Meerschweinchen weniger Fehler machen und es uns Meerschweinchen in Zukunft bessergeht. Auf dem Buchcover kannst du einige von uns sehen. Ganz vorne links stehe ich, dahinter Manou und Teddy, rechts vorne Lilli und dahinter Bonny.

Hier sind noch ein paar Abkürzungen, damit du sie verstehst:

MS/Meeris:	Meerschweinchen
TA:	Tierarzt oder Tierärztin
Köttel/Böhnchen:	unser Kot
Matsche-Köttel:	weicher Kot
Päppeln:	mit einer Spritze einen Brei füttern, der lebenswichtig sein kann

Woher kommen wir Meerschweinchen?

Damit du es gut verstehst, erzähle ich dir erst einmal, wo unsere Verwandten, die freilebenden Wild-Meerschweinchen, herkommen.

Wir heißen Meerschweinchen, aber nicht, weil wir schwimmen können. Nein, wir können nicht schwimmen und probiere dies bitte auch nicht aus, wir würden ertrinken. Wir heißen Meerschweinchen, weil die Seefahrer uns als „Reiseproviant" über das Meer in andere Länder mitgenommen haben. Und Schweine sind wir auch nicht, wir fressen keinen Abfall und wir sind saubere Tiere, die ein wunderschönes, weiches Fell haben.

Wir sind Fluchttiere.

Was versteht man denn darunter? Also, wenn wir ein Geräusch oder ein Tier nicht kennen, haben wir Angst. Wenn wir Angst haben, laufen wir, so schnell uns unsere kleinen Beinchen tragen, wir würden kein anderes Tier angreifen, wir flüchten lieber in unser Versteck.

Und wir haben Angst vor Lärm, das können zum Beispiel plötzliche Geräusche (z.B. Feuerwerk, laute Musik) sein. Wir hören nämlich sehr gut, viel viel besser als du. Laute Geräusche und plötzliche Bewegungen erschrecken uns und lassen uns auch in eine Angststarre verfallen. Wenn wir angefasst und hochgehoben werden, haben wir auch Angst. Meist fangen wir dann an, uns ganz wild zu bewegen, dann musst du uns gut festhalten, damit wir nicht auf den Boden fallen.

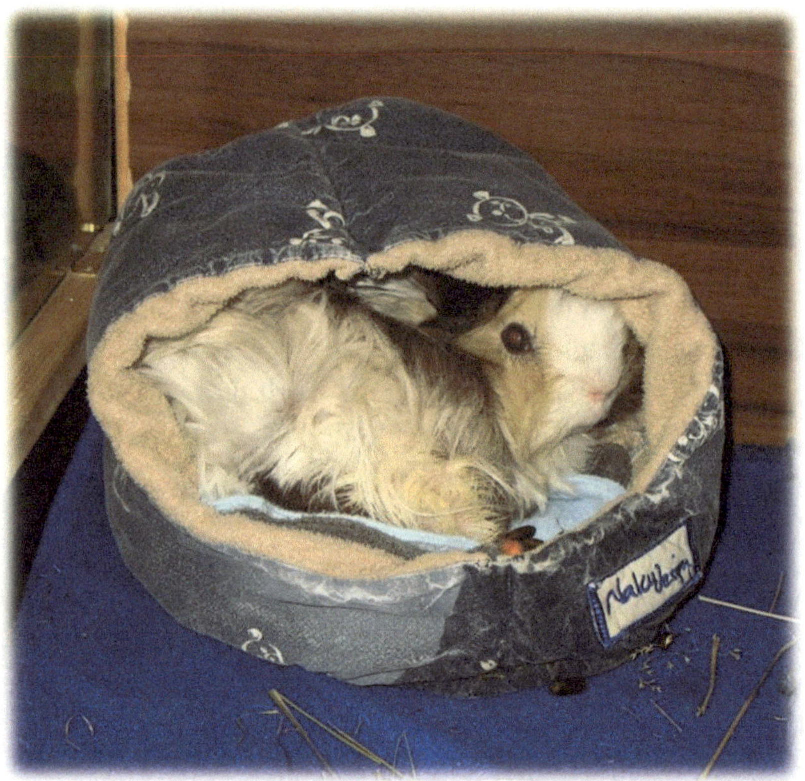

Heike setzt uns in so einen Kuschelschuh und hebt uns dann damit aus unserem Zuhause. Dort mag ich auch gerne drin liegen und dösen.
Wir haben deshalb Angst, weil wir ohne unsere Artgenossen verloren wären und nicht wissen, was mit uns geschieht.

Wo kommen wir ursprünglich her?

Es ist ein Land, weit von Deutschland entfernt, es nennt sich Süd-Amerika, genauer gesagt, es sind die Anden. Bei dem Wort Süd-Amerika denkst du bestimmt, dort sei es heiß. Ist es aber nicht, denn wir leben vom feuchten Flachland bis zu felsigen Höhen von 4.200 m in den Bergen der Anden, dort ist es angenehm kühl.

Fast den ganzen Tag und auch teilweise nachts suchen wir nach Futter, das heißt, wir bewegen uns ganz viel. Ja, auch nachts, denn wir haben, wie Katzen auch, Tasthaare, damit wir die Umgebung auch im Dunkeln ertasten können.
Natürlich schlafen oder ruhen wir uns zwischendurch aus. Unsere Behausungen sind meist verlassene Erdhöhlen von anderen Tieren. Wir fressen nur Pflanzen, also kein Fleisch und kein Getreide. Die Pflanzen müssen wir suchen, wir graben mit unseren Krallen die Wurzeln aus und fressen auch Gräser, Kräuter und Blüten und nagen an Holz, denn wir gehören zu der Gattung der Nagetiere.

Dieses Futter bekommen wir in Deutschland nicht, deshalb darfst du dafür sorgen, dass wir artgerecht ernährt werden.

Unsere Ernährung ist sehr wichtig, damit wir alt werden. Das genau erkläre ich dir aber später noch.

Zum Graben

brauchen wir unsere Pfoten mit den Krallen.
Wir haben an den Vorderpfoten jeweils 4 Zehen und an den Hinterpfoten jeweils 3 Zehen. Unsere Krallen sind ganz schön scharf, also passe immer schön auf.

Unsere Zähne

wachsen ein Leben lang, deshalb ist das Benagen von Holz und das Heufressen sehr wichtig für den Zahnabrieb. Wenn wir also keine rohfaserreiche Nahrung (z.B. Heu, Äste) bekommen, wachsen unsere Zähne ins Unendliche und wir können gar nicht mehr kauen.

So viele Zähne wie du haben wir nicht im Mäulchen. Vorne siehst du jeweils oben zwei Schneidezähne und unten zwei Schneidezähne. Im Ober- und Unterkiefer haben wir links und rechts jeweils 4 Backenzähne.
Also überlege mal wie viele Zähne wir haben? Und weißt du auch, wie viele Zähne du hast?

☺☺☺ Hast du verstanden, was wir brauchen?

Wir brauchen pflanzliches Futter, viel Platz zum Bewegen und Behausungen aus Holz zum Verstecken und was ganz besonders wichtig ist … einen Menschen, der für all dies die Verantwortung übernimmt und das nicht nur einen Tag, nein - unser ganzes Meerschweinchen-Leben lang.

Das heißt, bei guter Pflege, einer guten Haltung und Ernährung können wir durchaus 10 Jahre alt werden.

Und von uns gezüchteten Hausmeerschweinchen gibt es ganz viele Rassen, unser Mensch Heike sagt immer, ihr sei es egal, was wir für eine Rasse sind, sie liebe jedes Meeri auf seine Weise.

Rassenbeschreibung

Cindy: Angora - langes Fell

Teddy: US-Teddy - kurzes Fell

Manou: Angora-Rosetten-Mix - langes Fell

Lilli und Hope: Angora-Rosetten Mix - langes Fell

Emma: Rosette - kurzes Fell

Bonny: Rosette - kurzes Fell

Angel und Sky: Glatthaar - kurzes Fell

Ich möchte natürlich ganz genau wissen, ob du die einzelnen Kapitel gelesen und dir alles gut gemerkt hast. Hier stelle ich,

‚Lady Cindy' als

‚Botschafterin der Meerschweinchen',

die Fragen über uns und wir sind alle neugierig, ob du mal „unser verantwortungsbewusster Mensch" wirst.

Trage die Antworten mit einem Bleistift ein, dann kannst du bei Fehlern die falschen Antworten ausradieren und nochmals lernen.

ODER schreibe die Antworten auf ein separates Blatt Papier, dann bleibt dir das Buch so erhalten.

FRAGEN
1. Kapitel:
Wo kommen wir her?

1. Woher stammen die Vorfahren der Hausmeerschweinchen?

2. Können wir Meerschweinchen schwimmen?

3. Wir haben Angst, vor was haben wir Angst? Mehrere Antworten.

4. Wenn wir Angst haben, was machen wir dann?

5. Womit können wir auch nachts unsere Umgebung wahrnehmen?

6. Womit beschäftigen wir uns fast den ganzen Tag?

7. Was fressen wir ausschließlich?

8. Wie viele Zehen haben wir an unseren Vorderpfoten?

Wir brauchen eine Familie - Rudel!

Ganz ganz wichtig

... wir brauchen eine **„Familie"**.
du hast doch auch eine Familie - oder?

Wir brauchen unbedingt Artgenossen, das heißt - andere Meerschweinchen - weil wir uns gerne unterhalten. Andere Arten, wie z. B. Kaninchen verstehen wir nicht, sie sprechen nicht die gleiche „Sprache" wie wir. Wir leben mit einem Meeri-Böckchen zusammen, der natürlich kastriert ist, wobei sich dann kein unerwünschter Nachwuchs einstellt, und mehreren Meeri-Mädels in einem Rudel. Es ist immer was los bei uns, denn wir sind sehr gesellig.

Bei uns heißt das aber nicht „Familie", sondern „Rudel", denn wir sind „Rudeltiere".

Es gibt sogar ein Gesetz über uns Tiere, das nennt sich Tierschutzgesetz und soll uns vor z. B. Einzelhaltung, und dass wir gequält werden, schützen,

... also halte dich daran!

Nochmals, mein Name ist ‚Lady Cindy' und ich war viele lange Jahre das Leitmädchen im Rudel.

Unser Mensch, Heike, hat unserem Rudel einen Namen gegeben.

Wir sind die

‚Meeribande-Zuckerschnuten'.

In einem Rudel gibt es nämlich eine ganz klare Rangordnung, wer dort der Meerschweinchen-Chef und die Meerschweinchen-Chefin ist. Alle anderen Meerschweinchen haben sich unterzuordnen.

Als Leitmädchen hat man ganz schön viel zu tun:

+ Streit schlichten,
+ für Ruhe und Ordnung innerhalb des Rudels sorgen,

das ist so ähnlich wie „Eltern" sein.

Aber es hat auch Vorteile, denn man bekommt besondere Aufmerksamkeit, den besten Schlafplatz und meist auch das Beste aus dem Futter.

Du weißt nun, dass ich nicht alleine bei meinem Menschen lebe, ich stelle dir nun meine „Familie", mein ‚Rudel' vor.

Teddy,

… der Meerschweinchen-Chef

Er stand seit langer Zeit an meiner Seite.

Meistens möchte er seine Ruhe haben.
Teddy ist kastriert, das bedeutet, er kann keinen Nachwuchs mehr zeugen, denn Heike mag keine Vermehrung von uns.
Sie sagt, es gäbe sooo viele von uns, die im Tierheim oder in den Meerschweinchen-Notstationen sitzen und auf ein gutes Zuhause warten.

Teddy ist ein ruhiger und bequemer Meerschweinchen-Bock. Er hält sich aus den Zankereien der Mädels meist raus, sodass ich immer alle „Pfoten" voll zu tun hatte und die „Arbeit" an mir, an „Lady Cindy" hängen blieb. Manchmal war ich sogar eifersüchtig, denn alle Menschen-Frauen finden Teddy zum Knuddeln süß, sie mögen seine dunklen Knopfaugen - er sieht wirklich aus, wie ein Teddy.

Warum Heike unserem Rudel den Namen ‚Meeribande-Zuckerschnuten' gab, zeigt Teddys süße Schnute.

Unsere gesellige Mädchen-Runde und wir futtern frisches Gemüse und Leckerzahn.

Ganz vorne auf dem Bild links siehst du mich

‚Lady Cindy'.

Das ist Manou

Sie ist eine kleine Schönheit. Die Farbe ihres Fells ähnelt einem Eichhörnchen und sie hat rote Augen. Manou weiß ganz genau, dass sie die „Schönste" im Rudel ist.
Als ich 8 Jahre alt wurde, übergab ich Manou das „Amt" des Leitmädels.
Mir wurde die Aufgabe zu beschwerlich, ich ging in die wohlverdiente „Meerschweinchen-Rente".

Heike holte Manou 2007 aus einer Meerschweinchen-Notstation ins Rudel. Manou war erst 8 Wochen alt und sie brachte Heike ein „Überraschungspaket" mit. Denn ca. 2 Monate nach ihrem Einzug bei uns kamen am 23.05.2007 zwei Meerschweinchen-Mädchen zur Welt.

Heike findet so etwas gar nicht gut, denn Manou kam von einem „Vermehrer" in die Meerschweinchen- Notstation.

Vermehrer sind Menschen, die mit Meerschweinchen züchten, ohne darauf zu achten, wie jung die Meerschweinchen sind oder wie ihr gesundheitlicher Zustand ist. Sie tun dies nur, um damit Geld zu verdienen. Die zwei Meerschweinchen-Babys durften im Rudel bleiben und heißen HOPE und LILLI.

Links ist die Lilli zu sehen und rechts Hope, in der Mitte Meeri-Mama Manou.
Das Foto entstand zwei Tage nach der Geburt am 25.05.2007. Hope und Lilli wogen je 80 Gramm.

Wir Meerschweinchen sind Nestflüchter ...

... das heißt, wenn wir geboren werden, haben wir die Augen bereits geöffnet, können laufen und probieren am zweiten Tag schon vom Futter der Großen.

Wir werden aber ca. 4 - 5 Wochen von der Meeri-Mama zusätzlich gesäugt, das heißt mit ihrer Muttermilch versorgt. Außerdem haben wir schon unsere Zähne, denn den ersten Zahnwechsel machen wir bereits im Mutterleib.

Du hattest doch auch zuerst Milchzähne oder?

Das bin ich „Lady Cindy" links im Foto mit der kleinen Hope, als sie gerade zwei Wochen alt war.
Ich habe Hope und Lilli direkt abgeleckt und sie wurden ins Rudel aufgenommen. Und das ganze Rudel hat die Erziehung von Hope und Lilli mit übernommen.

Emma

Emma, sie kam zeitgleich mit Manou ins Rudel.

Emma ist eine Zicke, sie zankt gerne und Teddy kann sie nicht so gut leiden. Ich persönlich mag Emma, sie gehört einfach mit zum Rudel.

Und ich vergaß noch zu erwähnen, dass es bei uns genauso Antipathie und Sympathie gibt, wie bei euch Menschen, so ist das zwischen Emma und Teddy.

Emma hat das Glück, dass ihr Zuhause sehr groß ist und sie dem Teddy aus dem Weg gehen kann, sonst wäre es nicht zum Aushalten mit den beiden.

Lilli Leckerzahn

Das ist also „Lilli Leckerzahn" mit bereits 5 Jahren. Geboren wurde sie am 23.05.2007.
Sie wird von uns allen „Lilli Leckerzahn" genannt, denn sie frisst für ihr Leben gern Löwenzahn und bei den Meeris heißt das dann „Leckerzahn".
Lilli wird dir auch später im Buch etwas über das Kranksein erzählen.

Hope

Das ist Lillis Schwester Hope, sie ist auch 5 Jahre alt.

Hope ist ein sehr sensibles und zurückhaltendes Meerschweinchen.
Sie stellt sich nie in den Vordergrund, ist immer bescheiden.

Aber sie hat eine kleine Löwenmähne, zu Anfang dachten wir, sie sei ein Löwenbaby.

Bonny Sonnenschein

Sie ist seit 2009 im Rudel.

„Bonny Sonnenschein" wurde von Heike im Jahr 2009 aus ganz schlechter Haltung gerettet.

Dort war sie nur zum Baby-bekommen da und kam in einem sehr schlechten gesundheitlichen Zustand ins Rudel. Sie bekam noch 2 Meeribabys, namens Mandy und Molly, auch Mädchen, die leben nun in einem neuen Zuhause.

Mandy und Molly

Bonny's letzte Babys

Bonny sorgte für viel Ärger im Rudel.
Besonders die Mädels waren sehr eifersüchtig, denn Teddy hatte sich direkt in „Bonny Sonnenschein" verliebt, er war nur um sie herum.

Mich persönlich ließ dies aber kalt, denn ich wusste genau, ich bin Teddy´s Leitmädchen Nr. 1.

Teddy schaut Bonny hier hinterher: „O lala, hat die einen tollen Popo ...“

Nun geht es Bonny aber gut, sie ist immer gut gelaunt und wenn ihr Mensch das Vivarium, das Zuhause der Meeris, saubergemacht hat, kontrolliert sie, ob das alles so in Ordnung ist.

Heike nennt sie dann spaßeshalber ...
„Bonny Kontrolletti“.

Besonders gerne liegt „Bonny Sonnenschein“ in den schönen, weichen Kuschelsachen und beim „Futter Rufen“ ist sie auch immer die Erste.
Nach so einem Leben hat sie sich gesehnt.

Das ist Angel

... sie ist seit 2011 im Rudel und wird am 16.07.12 erst 1 Jahr alt. Angel kam auch aus einer Meerschweinchen-Notstation.

Das ist Sky

... sie wird am 16.07.12 auch 1 Jahr alt.
Angel und Sky sind Geschwister.

Als die beiden „Jungspunte" im August 2011 einzogen, bekam ich vor Augen geführt, dass ich doch ganz schön alt bin.

Angel und Sky flitzten nur so durch das Vivarium und mir wurde beim Zuschauen schon schwindelig und ich überlegte, ob ich, als ich so jung war, auch so einen Übermut hatte.

Ja, den hatte ich!!!

Wir sind ein lustig zusammengewürfelter Haufen Meeris. Und jedes von uns hat ein anderes Schicksal, weswegen wir bei unserem Menschen Heike, gelandet sind. Jedes Meeri hat seinen ganz eigenen Charakter und seine Persönlichkeit.
Wir merken ganz genau, ob es uns in unserem Zuhause, bei unseren Menschen, gut geht, ob wir gut versorgt und mit dem Respekt eines Lebewesens behandelt werden.

Denn wir haben genauso Gefühle, Schmerzen und eine Seele wie du.

Deshalb füge uns niemals Schmerzen zu!
Wir merken das ganz genau!

FRAGEN
2. Kapitel:
Wir brauchen eine Familie - Ein Rudel

1. Wie heißt die „Familie" bei uns?

2. Wir Meerschweinchen sind sehr gesellig, was brauchen wir unbedingt?

3. Wir haben ein Leit-Mädel und einen Leit-Bock, was gibt es im Rudel?

4. Was haben wir genauso wie du?

5. Bei uns Meerschweinchen gibt es Symphatie aber auch?

6. Was herrschte unter den Mädels wegen Bonny?

Geschlechterbestimmung – der kleine Unterschied macht es aus!

Auch das bleibt nun an mir hängen ...
die alte „Lady Cindy" gibt hier Aufklärungsunterricht und das im Namen von Heike, denn sie hat darauf bestanden, dass du das unbedingt wissen musst. Nun kommen wir zu einem ganz brisanten Thema:

Wie bei den Menschen, gibt es auch bei uns Meerschweinchen Jungs und Mädchen.
Damit du und deine Eltern keine „Überraschungen" in Sachen „ungewolltem Nachwuchs" erleben, möchten wir dir den kleinen, aber sehr wichtigen „Unterschied" erklären.

<u>**Geschlechtsbestimmung**</u>: 0: Böckchen, Y : weiblich

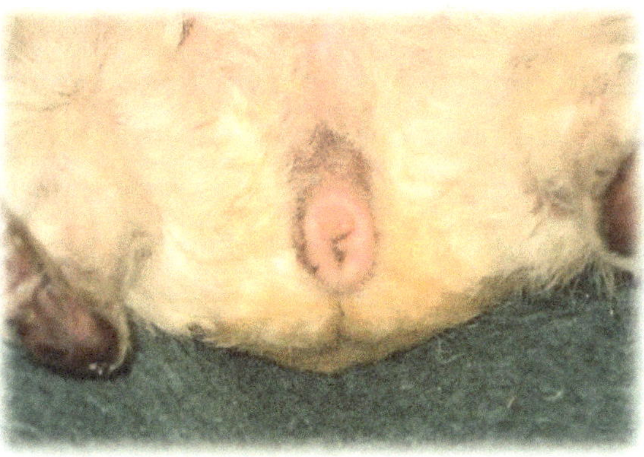

Teddy hat sich als einziger Meerschweinchen-Junge zur Verfügung stellen müssen. 0 = Böckchen

Auf dem Foto auf der vorigen Seite ist es ein kastriertes Böckchen zu sehen. Er ist kastriert, ihm fehlen die Hoden.

Das ist Manou und du siehst ganz deutlich das Y, was sie als Mädchen kennzeichnet. Y = Mädchen

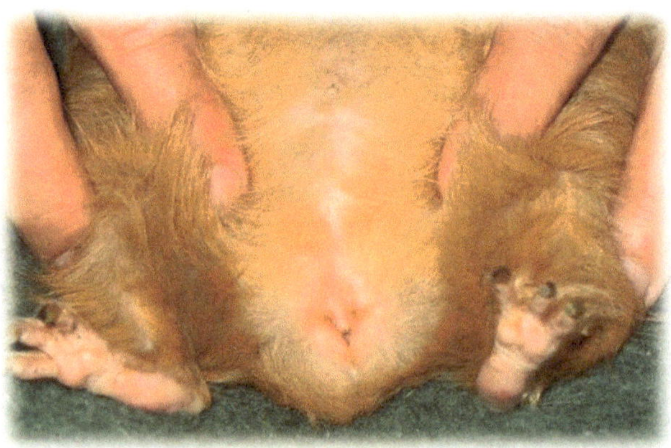

Wir Mädels haben den Ausgang unserer Harnröhre an der gleichen Stelle wie die Böckchen den Ausgang der Penistasche, aber der Eingang zur Scheide und die flache weibliche Perinealtasche sind wie ein Y.

Auch schon bei Neugeborenen kannst du leicht das Geschlecht bestimmen.

Gebt euch, also du und deine Eltern, nicht mit Vermutungen zufrieden, sondern sorgt für Gewissheit!
Schaue dir an, welches Geschlecht die Meerschweinchen haben, egal wo du sie herbekommst!

Schon 5 Wochen alte Baby-Böckchen können geschlechtsreif sein und ihre Mutter, Tanten und Schwestern decken, und somit für eine Flut „ungewollter" Meerschweinchen sorgen.

Missbildungen und Inzucht wären die Folge.
Also setzt bitte keine unkastrierten Böckchen mit Mädels zusammen.

Wir Meerschweinchen-Mädchen haben eine recht kurze Tragzeit: 63 - 68 Tage.

Die Weibchen sind direkt nach der Geburt wieder empfängnisbereit. Also nun kannst du mal ausrechnen, wie oft wir im Jahr Meerschweinchen-Babys bekommen könnten und auch ca. wie viele das sein werden, denn es sind zwischen 2 – 3 Babys pro Wurf.

Unser Mensch Heike, ist gegen diese sogenannten „Kinderzimmer-Züchtungen".
Viele Kinder denken: „Ach – einmal Meerschweinchen-Babys bekommen – wie süß !!!"
Sie vergessen dabei, dass es nicht sicher ist, ob die Geburt gut verläuft (Alter und Gesundheitszustand) und ob die Babys gesund sind und wo die Kleinen später mal landen.

Heike sagt immer wieder, dass die Tierheime und Meeri-Notstationen randvoll mit Meerschweinchen-Babys seien.

Von uns gäbe es ja noch viel mehr zu berichten, aber auf die biologischen und physiologischen Daten der Meerschweinchen habe ich verzichtet, denn die stehen alle ganz ausführlich in dem tollen Meerschweinchen-Ratgeber, den wir ganz hinten im Buch vorstellen.

FRAGEN
3. Kapitel:
Geschlechterbestimmung der kleine Unterschied macht es aus.

1. Was gibt es bei uns genauso, wie bei euch Menschen?

2. Welchen Buchstaben kann man bei Böckchen erkennen?

3. Welchen Buchstaben kann man bei einem Mädel erkennen?

4. Um ungewollte Meerschweinchen-Babys zu vermeiden, was darfst du dann nie machen?

5. Wozu kann es kommen, wenn wir von unserem Bruder gedeckt werden? Mehrere Antworten.

Wir möchten ... ein artgerechtes ZUHAUSE!

Und das ist unser Zuhause! Für uns das Schönste, was es gibt, aber auch wir müssen uns in einem neuen Zuhause und bei „unseren Menschen" erst eingewöhnen. Das heißt, wir lernen die tagtäglichen Geräusche kennen. Oh ja, am liebsten das Öffnen der Kühlschranktüre, denn das heißt meist: Es gibt Futter!!!
Da stimmen wir dann vereint zu einem Meeri-Pfeif-konzert ein.
Unser ZUHAUSE heißt VIVARIUM, was soviel heißt, wie LEBENSRAUM.

Hier können wir uns mit allen 9 Meerschweinchen frei bewegen. Wenn du gut hinschaust, siehst du mich auch in der „Höhle" sitzen. Das ist auf der langen Seite der untere Teil.

Unser Mensch Heike, hat das alles geplant und sie hatte fleißige Helfer für den Bau.

Wir haben kein Gitter über dem Kopf und wir können durch die Plexiglas-Scheiben nach draußen schauen und bekommen so immer mit, wenn sie mit Futter kommt. Dann können wir aus Leibeskräften nach Futter rufen.

Wir sind sehr bewegungsfreudig und brauchen daher reichlich Platz.
Es ist darauf zu achten, dass sich im Gehege keine giftigen Pflanzen oder Kabel befinden, denn wir sind Nager und können alles anknabbern, was unserer Gesundheit aber weniger gut bekommt. Da hat schon so mancher Artgenosse einen Stromschlag bekommen oder wurde vergiftet aufgefunden und war tot.

Stell dir vor, du bist dein Leben lang in deinem Kinderzimmer eingesperrt, findest du das schön?
Würdest du das wollen?

Schaue dir das Foto an. Würdest du gerne durch Gitterstäbe schauen wollen? Das ist doch wie im Gefängnis, aber was haben wir verbrochen?

Könntest du dich darin bewegen, laufen und wohl fühlen? Möchtest du so leben?

Wir möchten so NICHT leben!

Die anderen Meerschweinchen haben mir ihre Wünsche vorgetragen, wie ihr Zuhause aussehen soll.
Sie möchten viel Platz haben, denn wir sind bewegungsfreudig und lieben die Abwechselung.
Naturholzhäuser mit zwei Aus-/Eingängen oder Holzunterständen, denn wenn ein anderes Meeri ins Haus möchte, muss es einen Fluchtweg herausgeben, wir sind ja Fluchttiere.

Die Naturholz-Häuser oder Naturholz-Unterstände können dann auch von unseren Zähnen benagt werden, denn wir brauchen den Abrieb, damit unsere Zähne nicht zu lang wachsen.

Auf der vorherigen Seite siehst du ein Naturholzhaus mit zwei Ein-/Ausgängen, sodass wir immer einen Fluchtweg haben.

Unser Zuhause sollte auch eine Tränke und einen Wassernapf sowie Heuraufen haben. Je größer unser Zuhause ist, umso wohler fühlen wir uns.

Ach ja ... Plastik sollte es in unserem Zuhause nicht geben, denn auch das würden wir versuchen zu fressen, aber das könnte auch unser Tod sein.

Und wenn wir auf dem Boden ein Gehege haben, denkt immer daran, dass wir sehr klein sind und ihr uns als riesig erscheint, also nähert euch zu Anfang uns immer langsam, ohne hastige Bewegungen.

Unsere Heike wusste dann, dass wir es durchaus sehr bequem und weich mögen, deshalb kaufte sie uns auch einige Kuschelsachen. Die Holzhäuser sind uns aber wichtiger.

Und Abwechselung mögen wir auch!
Wenn es ein „neues Haus" gibt, wird das von uns allen ganz neugierig angeschaut. Hier hat Heike uns einen „Heuschober" gekauft. Prima, da können wir drin liegen und direkt fressen.

Ach ja, bevor ich es vergesse, viele Menschen glauben ja, wir Meerschweinchen würden stinken, aber das stimmt nicht!!!!!!!!! Das, was da so riecht, ist unsere Pipi. Wenn der Mensch, der für unser Wohlergehen und unsere Sauberkeit verantwortlich ist, unsere Behausung nicht regelmäßig, mindestens einmal in der Woche (bei Einstreu) reinigt, dann kommt es zur Geruchsbildung. Dann stinkts!!! Glaube mir, wir mögen das auch nicht riechen! Da könnten wir uns glatt die Nase zuhalten, denn wir riechen sehr, sehr viel besser als du.

Wir sitzen dann auch in der nassen Einstreu, das mögen wir nicht, wir mögen trocken sitzen.

Unsere Köttel, die sehen wie kleine Böhnchen aus und sind im richtigen Zustand ganz hart. Wenn sie das nicht sind, dann heißen sie „Matscheköttel", dann solltest du uns zum Tierarzt bringen, denn dann sind wir im Magen-Darm-Bereich krank. Das ist so, als wenn du Durchfall und Bauchweh hast. Das geht nur bei uns nicht von alleine weg.

Die kleinen harten Hinterlassenschaften von uns werden auch „Köttel" oder „Böhnchen" genannt.

FRAGEN
4. Kapitel:
Wir möchten ein …
artgerechtes ZUHAUSE

1. Wir möchten nicht in einem kleinen Käfig eingesperrt sein. Was brauchen wir, um uns wohl zu fühlen?

2. Was sollte nie in unserem Gehege sein?

3. Wie sollen unsere Holzhäuser aussehen und warum?

4. Wir haben auch mal Langeweile, was mögen wir dann?

5. Was musst du regelmäßig machen, damit wir nicht anfangen zu „stinken"?

6. Wie heißen unsere harten, braunen Hinterlassenschaften? Zwei Antworten sind möglich.

Der Standort unseres ZUHAUSES!

Also wir hätten gerne einen schönen Platz, der zugluft- und rauchfrei ist. Tageslicht hätten wir auch gerne, aber keine pralle Sonne. Außerdem gehen wir auch nachts trinken und fressen Heu.

Am Leben unserer Menschen möchten wir gerne teilnehmen, denn wir sind durchaus neugierig, aber neben der Musikanlage, Fernseher oder der Heizung möchten wir nicht leben.

Darauf solltest du achten, wenn du für uns den schönsten Platz aussuchst. So könnte ein Zuhause für uns aussehen, ein Eck-Käfig, mit einem ständigen Freigang in einen gesicherten Bereich, wo wir uns frei bewegen können.

Die Meeris „Krümel" und „Fluse" sind übrigens gute Bekannte von Heike.

Und das ist auch ein Eigenbau für Meerschweinchen. Die handelsüblichen 1-meter-Käfige wollen wir gar nicht haben, da sollen sich die reinsetzen, die meinen, dass der Platz dort ausreicht.
Uns reicht das nicht!
Es ist ja nicht mehr als eine Gefängniszelle!

In diesem wunderschönen Vivarium leben Mandy und Molly, Bonny´s Meeri-Kinder.

Wir haben Heike gebeten, im Anhang des Buches, dir dazu Informationen aufzuschreiben, wo man für uns solch schöne Zuhause (Vivarien) kaufen kann oder Anregungen dazu erhält.

Ab und an ist es uns schon langweilig, dann baut unser Mensch Heike, ein Gehege auf und verteilt dort unter leeren Joghurtbechern, in leeren WC-Papier-Rollen und anderem unser Gemüse und Grün aus dem Garten.

Wir freuen uns dann sehr und die jungen Meeris popcornen dann auch, das heißt sie machen kleine Luftsprünge vor lauter Freude.

Ich kann das nicht mehr, dafür bin ich einfach zu alt, so hoch wollen meine Beinchen nicht mehr.

Aber dann haben wir etwas zu tun, nämlich Futter suchen, so wie in der Freiheit.

Wir finden das klasse und es bringt Abwechselung.

Bitte immer auf vielen weichen Decken, denn der Boden könnte für uns zu kalt und zu glatt sein.

Heike passt immer auf, denn das Gitter ist nicht so hoch und die Jüngeren von uns können sehr gut klettern und springen, also lasst uns nie unbeaufsichtigt!

Siehst du mich oben auf dem Foto?

FRAGEN
5. Kapitel:
Der Standort unseres Zuhauses

1. Wie soll der Standort unseres Zuhauses sein? Mehrere Antworten.

2. Wenn du uns in einem Gittergehege laufen lässt, was musst du dann unbedingt machen?

3. Was können die jüngeren Meerschweinchen sehr gut? Mehrere Antworten.

4. Was möchten wir gerne haben und freuen uns darüber?

Meerschweinchen und Außenhaltung

Außenhaltung:

Wenn es nach mir ginge, würde ich gerne draußen auf der Wiese leben ... weil ich die Wiese ja liebe ...
Aber da lauern immer sehr viele Gefahren und auch Tiere, vor denen wir große Angst haben.
Deshalb ist eine Außenhaltung immer gut zu planen.

Heike nimmt uns schon manchmal mit auf die Wiese, aber sie sitzt dann neben uns und lässt uns keine Sekunde aus den Augen. Wir kommen dann nach einiger Zeit auch wieder in unser Vivarium. Wir brauchen ein aus- und einbruchssicheres Gehege, das uns vor Katzen, Greifvögeln und Mardern (Marder und Katzen können buddeln) schützt. Die kommen ja auf leisen Sohlen, sodass du sie nicht immer bemerkst und uns nicht helfen kannst.

Bitte wähle einen Standort, der nicht in der prallen Sonne liegt, da wir Meeris sonst einen Hitzschlag bekommen können. Auch hier musst du uns Heu, Wasser sowie Holzunterstände als Unterschlupf zur Verfügung stellen. Sonnenschirme können helfen, aber bitte bedenke, dass die Sonne „wandert", so muss auch ein aufgestellter Sonnenschirm „mitwandern". Gewöhne uns ganz langsam an Gras und Frisches von der Wiese (kein Klee), nur jeden Tag erst einmal eine ganz kleine Portion, da wir sonst Aufgasungen/-Bauchweh bekommen. Was eine Aufgasung ist, erkläre ich dir später, jedenfalls ist es für uns lebensgefährlich.

Im Winter ist eine Innenhaltung besser, weil wir draußen schnell frieren. Da du im Winter nicht so viel bei uns draußen bist, kannst du unsere Krankheitsanzeichen nicht früh genug erkennen.
Für die (Außen)-Winter-Haltung ist z. B. eine gedämmte Schutzhütte UNBEDINGT wichtig.
Unser Mensch Heike, hat sich für die Innenhaltung entschieden, da sie öfter alte und kranke Meerschweinchen aufnimmt. Hier hat sie alle immer im Auge.

FRAGEN
6. Kapitel:
Meerschweinchen und Außenhaltung

1. Welche Gefahren lauern bei einer Außenhaltung? Mehrere Antworten.

2. Wie muss ein Außengehege gebaut werden? Eine ausführliche Antwort und auch warum.

3. Worauf ist zu achten, damit wir keinen Hitzschlag bekommen?

4. Damit wir kein Bauchweh bekommen, woran sollen wir uns ganz langsam, in täglich kleinen Portionen, gewöhnen? Mehrere Antworten.

Unsere Ernährung – ist ganz wichtig!

Und das sind wir alle beim Fressen! Wir sitzen hier im 1. Obergeschoss des Vivariums. Erkennst du jeden wieder?

Auf dem Foto siehst du eine Heuraufe, aus der wir das saubere Heu fressen können und daneben hängt eine Wasser-Tränke und darunter steht ein Wassernapf, denn wir möchten mindestens einmal am Tag frisches Wasser haben.

Und **HEU MUSS** uns immer zur Verfügung stehen, denn es ist unsere:

„HAUPTNAHRUNG".

Wo wir auch schon beim nächsten Thema wären.
Unsere Ernährung ist sehr wichtig ...

...denn wir dürfen **NIE** hungern.

Wir unterscheiden uns von euch Menschen dadurch, dass wir so etwas Ähnliches, wie einen Stopfdarm haben, es muss immer gefressen werden, damit hinten die Köttel/Böhnchen rauskommen.
Alles was es sonst so für uns zu kaufen gibt, brauchen wir nicht!

- Kraftfutter macht uns viel zu dick und träge,
- Fertigfutter mit Getreide, da bekommen wir Bauchweh und Aufgasungen,
- Lecksteine, Knabberstangen, Brot und sonstiges Industriefutter ist keine natürliche Nahrung, die würden wir uns nie suchen gehen und macht uns auf die Dauer nur krank. Das ist wie bei euch Menschen das Fast-Food, es macht auch auf die Dauer krank.

Wenn Heike uns so falsch ernährt hätte, wäre ich bestimmt nicht so alt geworden. Und über eine Portion frisches Heu freuen wir uns immer und wir fressen dann meist gemeinsam.

Aber wir dürfen noch lange nicht alles fressen, denn einiges von den vielen Gemüsesorten ist für uns sehr giftig und kann sogar tödlich sein.

Damit du weißt, was wir fressen dürfen, haben wir unseren Menschen Heike damit beauftragt, doch mal Fotos zu machen.

FRISCHFUTTER:

Diverse Salate je nach Jahreszeit (von links nach rechts) Kopfsalat, Eisbergsalat, Endiviensalat, Radicchio und Salatherzen

Gemüse, je nach Jahreszeit (von links nach rechts) Staudensellerie, Zucchini, Möhren, Chicoree, Gurke, Knollensellerie, Paprika, Tomate.

Zweimal täglich eine Mischung aus Blattsalaten und Gemüse füttern (nicht direkt aus dem Kühlschrank). Im Sommer kann das Gemüse und die Salatmischung reduziert werden und z. B. durch Gras, Löwenzahn, Gänseblümchen, Haselnuss- Apfelbaumäste etc. ersetzt werden. Eine ausführliche Futterliste aus der Natur findest Du im Buch: Meerschweinchen ... naturheilkundlich behandeln.

Bitte auf den Calciumgehalt des Frischfutters achten, ein ZUVIEL Calcium kann Blasensteine bilden. Ausführliche Futterlisten mit Angaben zum Calcium-, Phosphor- und Vitamin C Gehalt findest Du im Buch: Meerschweinchen... naturheilkundlich behandeln.

Besonders viel Calcium enthält z. B. Frischfutter wie Blattspinat, Fenchel.
Bei den frischen Kräutern: z. B. Möhrengrün, Dill, Petersilie.

Getrocknete Kräuter enthalten im Gegensatz zu frischen Kräutern einen noch höherem Calciumgehalt.
Bitte dies nur hin und wieder den Meeris füttern.

Aber bitte nicht kalt aus dem Kühlschrank, das würde uns Bauchweh machen.

Unser Futter sollte Zimmertemperatur haben. Altes angegammeltes Gemüse gärt in unserem Magen und macht uns auch Bauchweh.

Leider wächst im Winter auf der Wiese kein Gras, kein Löwenzahn und die Bäume sind auch kahl, das finden wir nicht so gut.

Im Sommer sieht unser Speiseplan dann reichhaltiger aus, dann gibt es nämlich Frisches von der Wiese, aber immer auch ein wenig von dem Gemüse.

Das ist Löwenzahn, bei uns heißt das „Leckerzahn", weil wir den soooo lecker finden und gar nicht genug davon bekommen können. Da wir uns auch überfressen können, teilt unser Mensch Heike uns das ein.
Manchmal finden wir das gar nicht so gut, aber sie denkt eben an unsere Gesundheit.

Und der „Leckerzahn" hat auch tolle Blüten, die mögen wir auch.

Wenn wir uns überfressen, haben wir Bauchweh und müssen zum Tierarzt, denn wir können nicht wie du, so gut pupsen. Das heißt, das Gas, was sich in unserem Magen-Darm gebildet hat und auf andere Organe drückt, wird mit Medizin vom Tierarzt behandelt.
Das ist nicht angenehm, aber wir können daran sterben, man nennt das auch Aufgasung.

Ach ... und wenn du den „Leckerzahn" pflückst, dann bitte nicht gerade an einer von Autos befahrenen Straße, denn dann sind da schädliche Stoffe für uns drin. Solltest du in der Stadt wohnen, dann frage bei

Nachbarn, die einen Garten haben, ob du dort Löwenzahn etc. pflücken darfst.
Auch in Schrebergärten-Anlagen kannst du fragen.

Das sind Gänseblümchen, auch die fressen wir gerne. Das ist doch ein schöner Teller?

„Gänseblümchen an Tomaten", mmh, mir läuft doch glatt das Wasser im Mäulchen zusammen."

„Heike, bring mir mal den Teller"! Muig, muig, muig.
Haselnussäste mit Blättern.
Auf die stehen wir besonders und wir fressen auch die feinen, frischen Äste direkt mit. Bitte schau dir auch die Rückseite der Blätter an, dass dort keine Läuse oder anderen Tiere drauf sitzen. Das mögen wir nicht mitfressen und achte darauf, dass die Bäume nicht mit Chemie gespritzt wurden.

Wir fressen gerade

frische Haselnussblätter

Das war eine leckere Sonnenblume, die uns Heike da gebracht hat.

Teddy, der Meerschweinchen-Chef, darf als Erster davon fressen. Er ist unser Vorkoster und wenn er sie für sich alleine haben will, stupst er uns mit dem Kopf oder der Pfote weg.

Aber meist lässt er uns mitfressen.

Gerne nehmen wir mal ein extra Stück Gurke aus deiner Hand, das schafft Vertrauen.

Also ich fasse das alles nochmals zusammen:

Die Grundbedürfnisse von uns Meerschweinchen sind:

- Grundnahrungsmittel ist gutes HEU!
- Vitamin C können Meerschweinchen, wie auch der Mensch, nicht selber bilden. Es muss uns durch das Frischfutter zugeführt werden.
- Wasser und Heu muss immer zur Verfügung stehen, Heu VOM BAUERN, möglichst nicht in Plastiktüten- Schimmelpilzgefahr etc.
  Heike transportiert ihr Heu immer vom Bauern in einem alten Bettbezug, so bleibt das Heu und auch das Auto sauber und das Heu kann immer noch atmen, das heißt: es kommt Luft dran.
- Wasser aus Nippeltränken: Mundstück mit Wattestäbchen 1x in der Woche reinigen - Pilzgefahr
- Ausreichend Platz, da Meeris bewegungsfreudig sind
- Keine Kohlsorten, Aufgasungsgefahr. Zwiebeln tödlich
- Kein Kraft- oder Trockenfutter (Getreide) oder Fertigprodukte aus dem Zooladen, das lähmt nur unseren Magen-Darm und macht Aufgasungen, da Getreide bläht.

- Pflanzliche Nebenerzeugnisse, Abfallprodukte der Zuckerindustrie, Zucker legt Magen-Darm lahm
- Hoher Calciumgehalt: Petersilie, Luzerne, Möhrengrün: Blasenstein Gefahr u. Augenerkrankung Osseäre Choristie

Als Frischfutter hat sich bewährt:

- Gurke und Tomate sollte nur in geringen Mengen gegeben werden, da sie sehr wässrig sind, Es droht sonst Durchfallgefahr. Genau wie ein Zuviel an Salat (bitte nicht direkt aus dem Kühlschrank füttern! Auch hier droht Bauchweh)
- Knollensellerie
- Karotten, ohne das Grün, denn dies ist zu calciumhaltig

Im Sommer: Löwenzahn, Löwenzahnblüten, Gänseblümchen, Haselnuss-Strauch, Apfelbaumäste mit Blättern (ungespritzt), Zitronenmelisse, Gras. Hier gibt auch noch mehr, siehe Bezugsquelle Bücher im Buch hinten.

Eine Futterumstellung sollte wegen unserem empfindlichen Magen-Darmsystem immer ganz langsam geschehen.

Giftig und unverträglich:

- Kokos-Nüsse und Nüsse - schwer verdaulich - nicht füttern
- Avocado - giftig
- Zwiebeln, Lauch, Knoblauch, Schnittlauch - hochgiftig
- Grüne Tomaten, grüne Teile von Tomaten - hochgiftig
- Luzerne und Klee - Kolikgefahr, Blasensteingefahr!
- Kohlarten wie Rot-, Weiß- und Blumenkohl, Wirsing - Kolikgefahr
- Möhrengrün - Blasensteingefahr
- Bohnen - sind roh giftig! Blähend
- Rettich, Erbsen, Schwarzwurzel - blähend
- Steinobst: Kirsche, Pflaume etc. - Blähungsgefahr!

All dies, was ich hier aufgeführt habe, solltest du nie füttern.
Dies sind nur einige Beispiele.

Mehr dazu gibt es:

Im Ratgeber: Meerschweinchen ... naturheilkundlich behandeln findest du Listen über das Frischfutter, welches wir vertragen.

FRAGEN
7. Kapitel:
Unsere Ernährung

Unsere Ernährung ist ganz wichtig, deshalb werde ich dir hier auch ganz viele Fragen stellen.

1. Zwei Dinge müssen uns als Grundnahrungsmittel IMMER zur Verfügung stehen, welche sind dies?
2. Welches Vitamin kann unser Körper, wie der Mensch, nicht selbst bilden und muss uns durch das frische Gemüse zugeführt werden?
3. Was dürfen wir nie?
4. Welche Nahrung ist für uns ungesund? Mehrere Antworten.
5. Und warum ist es für uns ungesund? Mehrere Antworten.
6. Was ist im Sommer unsere Lieblingsspeise?
7. Was fressen wir im Sommer aus dem Garten gerne? Mehrere Antworten.
8. Welches Gemüse fressen wir im Winter? Mehrere Antworten.

9. Warum muss eine Futterumstellung immer ganz langsam erfolgen? Ausführliche Antwort erwünscht.
10. Nenne 7 Gemüsesorten, die hochgiftig für uns sind. Mehrere Antworten.

Unsere Gesunderhaltung!

Du bist doch auch mal krank und deine Mama pflegt dich wieder gesund oder?
Auch wir werden krank, denn wir können fast alle Krankheiten der Menschen bekommen.

„Unsere Menschen", die für unser Leben und unsere Gesundheit die Verantwortung tragen, müssen sich dann sehr um uns kümmern, damit wir wieder gesund werden.
Alleine schaffen wir das nicht.
Manchmal geht „gesund werden" bei uns auch nicht so schnell.

Hallo, ich bin „Lilli Leckerzahn"

„Ich möchte dir erzählen, warum es nicht so einfach ist, uns zu halten – gesund zu erhalten.
Auf dem Foto liege ich ganz entspannt unter der Heuraufe und döse so vor mich hin, aber das ist nicht immer so.

Ich wurde bei Heike geboren, ich bin eine kesse Meeri-Dame, immer vorwitzig und neugierig, aber es gab eine Zeit, da ging es mir gar nicht gut.

Ich bekam Eierstockzysten. Erst waren sie sehr klein und konnten mit Spritzen behandelt werden, aber dann wuchsen sie in meinem kleinen Körper und wenn ich dann nicht operiert worden wäre, hätten sie hühnereigroß werden können. Ja, in meinem kleinen Körper wuchs so etwas!

Wenn die Eierstockzysten wachsen, drücken sie auf meine anderen Organe, dann wird mein Magen eingeklemmt und ich habe Bauchweh, es kann überall drücken und weh tun.

Heike ließ mich operieren, sie sagte, ich sei noch jung genug, dass ich eine so große Operation schaffen würde und mir war es recht, denn ich wollte diese Fremdkörper aus mir raus haben.
Mir wurde dann der ganze Bauch aufgeschnitten.
Schade, dass du die große Narbe nicht mehr sehen kannst, denn mittlerweile ist mein Fell dort wieder nachgewachsen.
Also – die Operation schaffte ich.

Ich war sehr schlapp auf meinen kleinen Beinchen und hatte so gar keinen Hunger. Heike fing an, mich mit Päppelbrei zu füttern. Wo ich gesund war, mochte ich den Päppelbrei sehr gerne, aber als ich krank war, wollte ich gar nicht mehr selbstständig fressen, noch nicht einmal Gurke ... und das soll schon was heißen.

Heike lockte mich mit frischem Gemüse, das ich wieder selber fressen sollte, aber ich hatte solche Schmerzen, dass ich nicht konnte.

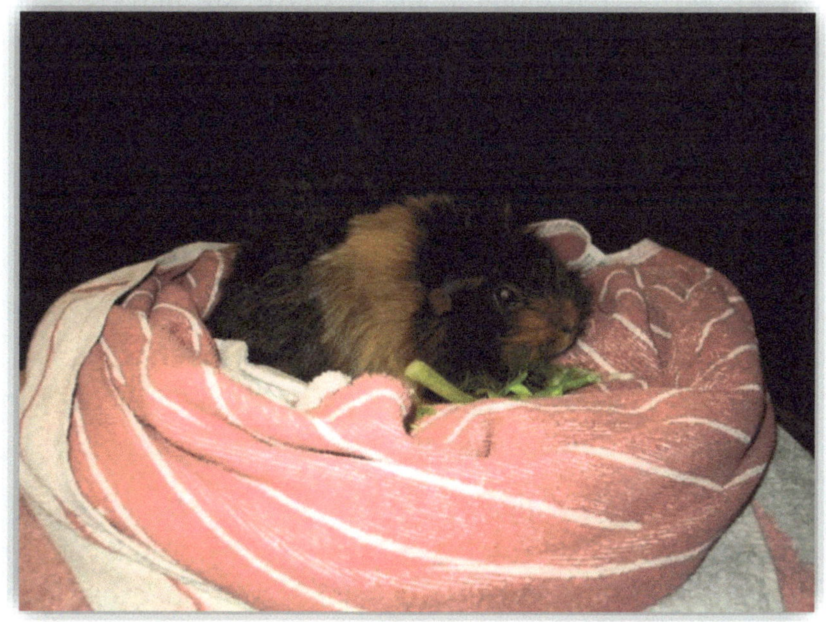

Mir tat mein ganzer Bauch weh und ich fühlte mich einfach schlecht. Heike zwang mir den Päppelbrei rein, sie war sehr hartnäckig. Sie wusste wohl, dass sie um mich kämpfen musste.
Ich bin ihr dankbar dafür, denn sonst hätte ich mein kleines Meerschweinchen-Leben sicher verloren.

Aber es kam noch schlimmer, denn ich bekam eine schlimme Aufgasung und nun war es einfach ganz vorbei, dass ich was fressen wollte.

Heike brachte mich zum Tierarzt, dort bekam ich eine Spritze und ich wurde geröntgt, sodass man in mich hineinschauen konnte.
Heike wurde ganz bleich im Gesicht, sie musste sich hinsetzen, denn die Aufgasung war sehr schlimm.
Sie kämpfte ganze drei Monate mit meinem kleinen Meerschweinchen-Leben und wenn sie nicht gewesen wäre, hätte ich längst schon mein Köfferchen gepackt und wäre über die Regenbogenbrücke gezogen.

Sie hat mich mit dem Päppelbrei zwangsernährt, und das mehrmals täglich und anfangs sogar nachts.
Natürlich bekam ich auch ganz viel Medi. Schritt für Schritt wich die Aufgasung aus meinem Körper.

Nun ist das schon eine Weile her, ich möchte dir damit sagen, dass du und deine Eltern, wenn ihr mal Meerschweinchen habt, auch zu solch einem langfristigen „gesundmachen" bereit sein müsst.
Da geht ganz viel Freizeit bei drauf und deine Freunde und das Spielen stehen dann hinten an, denn ich bin ein Lebewesen und bin auf deine Hilfe angewiesen.

Wir sind kein „lebendiges Spielzeug", was du einfach in die Ecke stellen kannst.

Stelle dir vor, deine Eltern würden dich nicht gesundmachen? So ist das auch mit uns, wir brauchen dich und deine Eltern dann ganz besonders.

Und ich bin sehr froh, dass ich Heike an meiner Seite habe, denn ich habe meine Artgenossen sehr lieb und lebe sehr gerne hier."

Das hat „Lilli Leckerzahn" doch sehr schön erzählt und ich mag euch, als „Lady Cindy" und „Botschafterin der Meerschweinchen", nun noch einiges darüber erzählen.

Viele von uns Meeri-Mädels haben Probleme mit den Eierstockzysten – ich auch.
Bei uns im Rudel sind da noch die Manou, Hope und Bonny, die das auch haben. Wir müssen dann regelmäßig zum Tierarzt, wir bekommen eine Spritze und dann ist für eine Weile Ruhe. Die Spritzen müssen meist wiederholt werden.
Wenn du merkst, dass wir ständig bromseln und so gar nicht aufhören wollen, sogar noch den anderen Meeri-Mädels hinterherlaufen, dann solltest du uns ganz schnell zum Tierarzt bringen. Ach, ich vergaß zu erklären, was „bromseln" ist.

Unser „bromseln" sieht lustig aus, wir wiegen dann den Popo hin und her und geben „brrrr-Laute" von uns. Meist machen wir dies, wenn wir brünstig sind.

Ach herrje, „brünstig", das darf ich dir auch noch erklären. Brünstig sind wir, wenn wir deckungsbereit sind, also wenn der Teddy an uns ran darf, um Meeri-Nachwuchs zu zeugen. Das geht bei ihm aber nicht mehr, da er kastriert ist.

Als Fluchttiere verbergen wir unsere Krankheit, um nicht den Fress-Feinden zum Opfer zu fallen. Das haben wir so in den Genen von unseren Eltern mitbekommen und können das nicht so einfach abstellen.

Umso wichtiger ist es, dass du uns sehr gut beobachtest. Denn Verhaltensveränderungen können Anzeichen von Krankheit sein.

Kommen wir nicht zum Fressen, dann haben nicht mal „nur keinen Hunger", nein, dann sind wir ernsthaft krank und du musst mit uns ganz schnell zum Tierarzt.

Sitzen wir mit gesträubtem Fell und glasigen Augen in der Ecke, dann haben wir Magen-Darm-Schmerzen. Das gehört unbedingt in erfahrene Tierarzt-Hände, denn an einer Aufgasung/Thympanie können wir ganz schnell sterben. Du merkst dies auch an unserem harten Bauch. Wenn du seitlich ganz leicht klopfst, hört sich das hohl an, wie bei einer Trommel.

Auch ein tränendes Auge kann ein Hinweis auf eine Erkältung sein. Bei uns gehen Erkältungen nicht von alleine weg, auch da müssen wir zum Tierarzt.

Unser Gewicht lässt sich durch das Fell schlecht schätzen und damit es mit der Gesunderhaltung nicht ganz so schwierig ist, macht Heike jeden Sonntag mit allen Meerschweinchen einen Gesundheits-Check. Wie du auch regelmäßig zu Impfungen oder so musst, gehen wir durch unseren Meerschweinchen-Gesundheits-Check.

Einmal in der Woche, an einem festen Tag und Uhrzeit, ist der Gesundheitscheck dran.
Und unser Mensch ist da gnadenlos, obwohl wir das nicht besonders mögen.
Vor allen Dingen stellt sich unsere hübsche Manou ziemlich zickig an.
Wenn wir was nicht mögen, können wir mit unseren langen Zähnen auch schon mal zwicken.

Meerschweinchen können fast alle Krankheiten bekommen, die der Mensch auch bekommt!

Noch etwas, Erkältungen, Schnupfen sind vom Menschen auf uns Meeris und auch umgekehrt übertragbar. Es gibt aber noch weitere Krankheiten, die übertragbar sind, die stehen in dem tollen Ratgeber Meerschweinchen ... naturheilkundlich behandeln ausführlich beschrieben.

Auf den nachfolgenden Seiten nenne ich dir mal einiges, worauf du und deine Eltern besonders achten sollten:

Krankheiten

- Aufgasungen durch falsche Fütterung/gebläht - Bauchdecke hart?
- Augenverletzungen durch Heu müssen sofort behandelt werden, da sonst bleibende Schäden entstehen können und wir nicht mehr sehen können! Augenverletzungen sind sehr schmerzhaft.
- Augen: Entzündungen durch Zugluft muss vom TA behandelt werden
- Durchfall - akute Gefahr, dass Magen-Darm zusammenbricht und MS kann daran sterben
- Eierstockzysten, Gebärmutterschleimhaut-Entzündung, Dauerbromseligkeit, muss unbedingt vom TA behandelt werden
- Schnupfen/Erkältungen - Zugluft vermeiden und Hitze vermeiden, muss behandelt werden
- Atmung - ungewöhnliche Geräusche, röcheln, starke Flankenatmung - Achtung Lebensgefahr! Direkt zum TA!
- Zähne wachsen schief, brechen ab - Durchfall, Gewichtsabnahme
- Zähne wachsen bei älteren Meerschweinchen schneller, deshalb regelmäßige Kontrolle beim Tierarzt
- Parasitenbefall, starker Juckreiz, Fell-Ausfall, kahle Stellen im Fell, dass macht die Meeris ganz nervös und stresst sie sehr, muss vom Tierarzt behandelt werden

Gesundheitscheckliste für uns Meerschweinchen

1 x wöchentlich, immer am gleichen Tag, zur gleichen Zeit. Am Gewicht kann auch der Gesundheitszustand festgestellt werden, wir sollten nicht mehr als 50 gr. in einer Woche an Gewichtsunterschied haben.

Bitte mache den wöchentlichen Meeri-Check immer auf dem Boden, damit wird ein Herunterfallen z. B. vom Tisch und damit schwerste Verletzungen verhindert.

Lege zuvor alles bereit, was du dafür brauchst, dann geht es schneller.

Wir werden wohl kaum freiwillig zum Gesundheitscheck antreten, du wirst uns einfangen müssen.

Einige Tage bevor der erste Gesundheitscheck ansteht, solltest du uns immer wieder ein Stückchen Gurke aus deiner Hand anbieten. Wir sind ja mit Futter sehr bestechlich und der Duft von einem Stückchen Gurke lässt uns neugierig herankommen. Vielleicht nehmen wir die Gurke nicht direkt beim ersten Mal, versuche es immer wieder mal und sei selbst ganz ruhig dabei.

Wenn du uns dann das erste Mal herausnimmst, mache dies bitte langsam, versuche nicht mit der Hand von oben nach uns zu greifen, da haben wir Angst. Das ist so ähnlich, als wenn uns ein Greifvogel oder anderes Raubtier packen möchte. Hier brauchst du Einfühlungsvermögen und Geduld.

Dazu sei noch zu sagen, dass wir gar keine Kinder-Kuscheltiere sind, wir sitzen meist wie erstarrt auf deinem Schoß.

- Was passiert mit uns?
- Wo ist unser Rudel?
- Werden wir jetzt gefressen?

Also tun wir einfach so, als seien wir nicht da und sitzen regungslos auf deinem Schoß.

Sprich dann ganz ruhig mit uns und habe auch ganz viel Geduld und Zeit mit uns. Es ist gut möglich, dass der ein oder andere von uns Meeris schon mal schlechte Erfahrungen mit Menschen gemacht hat, dann braucht es noch viel Zeit, ehe wir zutraulicher werden.

Wir hätten gerne auch schöne Namen, also bitte keine Schimpfwörter, denn wenn du uns ganz oft beim Namen rufst und uns dabei noch ein Stück Gurke hinhältst, dann lernen wir schon auf unseren Namen zu hören.

Denke immer daran wir sind Fluchttiere, unser Überleben hängt davon ab, vor Fressfeinden und fremden Geräuschen zu flüchten.

Liste für den wöchentlichen Gesundheits-Check:

Körperteil:	Was ist zu tun?
Gewicht- Futterzustand	Wiegen und Gewicht notieren Rippen und Wirbelsäule fühlen, vorsichtig bitte
Ohren	Schmutz-Absonderungen, vorsichtig reinigen
Auge	Vorsichtig unter die Lider sehen Hornhaut betrachten (Taschenlampe-/Lupe) Stehen beide Augen gleich weit vor? Tränt es? Wird es zugekniffen?
Herz	Mit Stethoskop abhören, ob Nebengeräusche zu hören sind
Nase	Feucht-Absonderungen (Schnupfen, muss TA behandeln)
Lippen	Krusten? TA behandeln
Zähne	Kanten und Form in Ordnung? Zwischenräume sauber, auch von hinten betrachtet Zahnfleischrand sauber? Kiefer abtasten
Pfoten	Ggfs. Krallen schneiden und Datum aufschreiben, Sohlen ansehen, ob sauber
Popo	Sauber? Mit Kot verschmiert - dann Durchfall Perinealtasche, Penis säubern
Haut/Fell	Schuppen, Krusten, Krabbeltiere- Parasiten, Knoten, Verdickungen?
Bauch	Gebläht? Bauchdecke hart?
Atmung	Ungewöhnliche Atemgeräusche?
Ganzer Körper	Nach Veränderungen abtasten

Datum festhalten, wann Krallen/Fell geschnitten worden ist/Gewicht, sonstige Auffälligkeiten (Quelle: Ratgeber Meerschweinchenhilfe)

Wöchentlicher Meerschweinchen-Gesundheitscheck

Der Wiegezeitpunkt sollte möglichst immer am gleichen Tag/Uhrzeit/Fütterung sein:

Wiegezeitpunkt: jeden___________________
vor/nach dem Füttern ca. ____________ Uhr.

Gewicht in Gramm notieren und alle Auffälligkeiten sowie auch Fell schneiden, Krallen schneiden notieren.

Ein Beispiel:

Datum	Name:
19.04.12	Cindy: rechtes Auge tränt, Nase feucht = Erkältung TA aufsuchen Fell geschnitten
19.04.12	Lilli: rechtes Auge, weißer Schleier und rote Äderchen; Augenverletzung durch Heu, Tierarzt! Muss versorgt werden, sonst bleibender Schaden
19.04.12	Teddy: humpelt, linkes Hinterbein, abgetastet, vermutlich versprungen, Tierarzt vorstellen

Meerschweinchen nicht baden!! Sie können sich eine Lungenentzündung holen.

Ja, ich weiß, das ist schon viel, aber ihr wollt uns doch auch viele Jahre behalten oder?
Dann kommt noch einiges hinzu, wie die Fellpflege und Krallenpflege, beides mögen wir nicht so gerne, es muss aber sein.

Fellpflege

Wir Meeris verlieren das ganze Jahr über Fell, haben keinen generellen Fellwechsel.

Wie du deine Haare pflegst, braucht unser Fell auch Pflege. Da wir nicht schwitzen können, ist es gerade in den Sommermonaten wichtig, den Langhaar-Meeris eine flotte Kurzhaarfrisur zu verpassen, damit Luft an die Haut kommt.

Wir Meerschweinchen haben nämlich nur unter unseren Pfoten Schweißdrüsen, sonst können wir nicht schwitzen. Wir würden einfach einen Hitzschlag bekommen und tot umfallen.

Wenn unser Fell zu lang ist, verfilzt es auch und Parasiten und Pilze können sich darin auch ganz wohl fühlen.

Aber sei bitte vorsichtig mit der Fellschere, lass dies lieber deine Eltern machen, denn wir sitzen nicht unbedingt still auf dem Schoß, sondern drehen und wenden uns, weil uns das nicht gefällt und das mit der Schere ziept dann auch schon mal.

Meeri-Dame Hope vor dem Fellschnitt

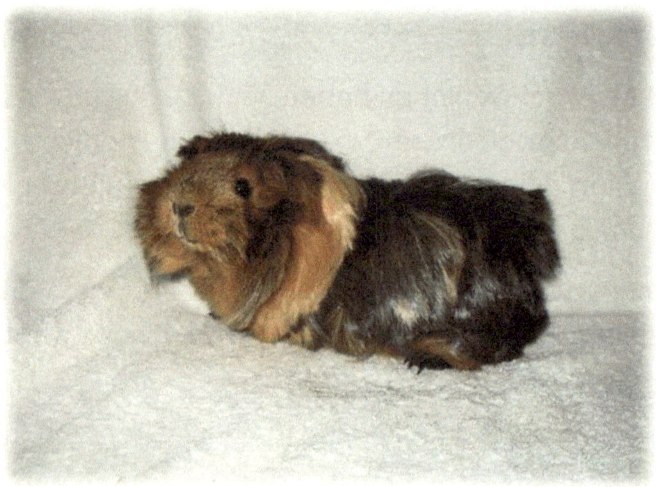

Meeri-Dame Hope mit ihrer neuen Frisur im Frühjahr, im Sommer wird das Fell noch kürzer geschnitten.

Krallenpflege

Unsere Krallen müssen auch regelmäßig geschnitten werden, damit sie nicht krumm und schief wachsen, sich womöglich noch in unsere Pfote einwachsen und uns Schmerzen verursachen. Aber das ist ähnlich wie bei euch Menschen, ihr müsst euch doch auch die Finger- und Fußnägel schneiden oder?

Das macht man mit einer handelsüblichen Krallenschere. **ABER VORSICHT**, wir haben nämlich Blutgefäße in den Krallen. Damit es einfacher ist, kannst du mit einer Taschenlampe unter die Krallen leuchten, dann siehst du, wo die Gefäße herlaufen. Macht das am besten zu zweit, einer hält uns fest und der andere leuchtet mit der Taschenlampe und schneidet die Krallen. Sollte dennoch mal was passieren, wird empfohlen: Desinfektion mit Prontosan (Fa. Braun) Wundspüllösung und anschließend mit Bepanthen Heil- und Wundsalbe versorgen.

Der Tierarzt schneidet aber auch gerne fachmännisch die Krallen von uns.

Quelle: Ratgeber der Meerschweinchenhilfe

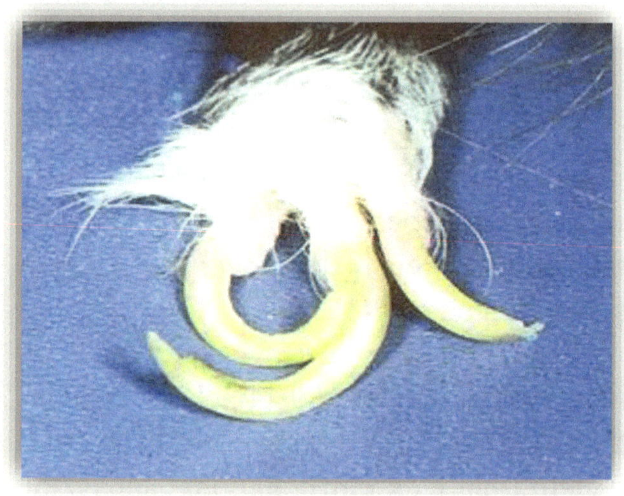

Quelle:
Ilse Hamel
Das Meer-
schweinchen
als Patient

Das Bild zeigt extremes Krallenwachstum an den Hinter-Extremitäten aufgrund von mangelnder Pflege.

Ach ja, ich vergaß noch zu erwähnen, dass es auch hier möglich ist, dass wir nicht ruhig sitzen bleiben.

Mancher von uns schreit schon vorher um Hilfe, bevor etwas geschnitten wurde.

FRAGEN
8. Kapitel:
Unsere Gesunderhaltung

Unsere Gesunderhaltung ist sehr wichtig!
Deshalb gibt es hier auch wieder viele Fragen.
Dann mal los ...

1. Was sollst du einmal in der Woche machen, damit du weißt, wie es uns geht?
2. Aus was besteht der Meerschweinchen Gesundheitscheck? Nenne mindestens 7 Antworten.
3. Wir können nicht schwitzen, was ist deshalb für Langhaar-Meeris im Sommer sehr wichtig?
4. Wobei muss man beim Krallenschneiden bei uns aufpassen?
5. Welche Hilfsmittel gehören zur Krallenpflege? Mehrere Antworten.
6. Bitte nenne uns fünf Krankheiten, die wir bekommen können? Mehrere Antworten.
7. Wer ist für unser Wohlergehen und unsere Gesundheit verantwortlich?

Besonderheiten der Meerschweinchen

Ich möchte dir noch einiges über unsere Besonderheiten erzählen.

Wir Meeris sind Nestflüchter, das heißt, wir werden mit geöffneten Augen und Zähnen geboren und wir können direkt laufen im Gegensatz zu Hunden und Katzen.

Wir sind reine Pflanzenfresser und wir haben einen ‚Stopfdarm', d. h. nur durch ständiges Fressen wird der Magen/Darmtrakt in Bewegung gehalten.
Das macht uns sehr sensibel für Magen/Darmerkrankungen wie z. B. Aufgasungen/Verstopfungen.
Füttere uns bitte kein getreidehaltiges Trockenfutter und kein Brot/Brötchen. Unser Magen/Darmtrakt ist dafür nicht ausgelegt und dies kann zu schweren Erkrankungen führen.

Die Zähne wachsen bei uns ein Leben lang.
Wir werden bereits mit vollständigem Gebiss geboren und machen den ersten Zahnwechsel bereits im Mutterleib.

Wir können sehr gut riechen und hören viel besser als ihr Menschen. Sehen können wir auch gut und sogar Farben unterscheiden.

Also hinter den Ohren und rund um unsere Zitzen haben wir kein Fell, das ist also normal. Jungs wie Mädels haben zwei Zitzen.

Unser Herzschlag ist viel schneller als deiner, deshalb sind wir auch stressanfällig. Unser Herzschlag ist 230 - 380 Schlägen in der Minute, der Herzschlag eines gesunden erwachsenen Menschen liegt bei 60 – 80 Schlägen in der Minute.

Wir können nicht schwitzen (Hitzschlag-Gefahr) denn wir haben nur unter den Pfoten Schweißdrüsen. Wir können nicht erbrechen und nicht so gut pupsen (Aufgasungs-Gefahr).

Wir benötigen, wie der Mensch, Vitamin C.
Es sollte uns mit dem frischen Gemüse täglich zugeführt werden.

Und wir fressen unseren Blinddarm-Kot
„Igitt", denkst du nun, aber für uns ist der ganz wichtig, denn dort sind Bakterien drin, die wir für unsere Verdauung brauchen.
Wir können fast alle Krankheiten bekommen, die der Mensch auch bekommt.

Viele von uns werden sehr zutraulich, andere hingegen nie.

FRAGEN
9. Kapitel:
Unsere Besonderheiten

1. Nenne mir 5 unserer Besonderheiten.
   Es sind mehrere Antworten erwünscht.
2. Was können wir viel besser als der Mensch?
   Mehrere Antworten.
3. Was ist bei uns viel schneller als bei Menschen?
4. Was können wir nicht? Mehrere Antworten.

Urlaubszeit ...
und wir Meerschweinchen?

Für den Menschen die schönste Zeit im Jahr - der Urlaub! Und wo bleiben wir – die Meeris?

Denke bitte, zusammen mit deinen Eltern, ganz früh daran, also zu Beginn der Urlaubsplanung, dass auch wir, während du mit deinen Eltern in Urlaub bist, gut versorgt sind. Kümmere dich mit deinen Eltern frühzeitig um eine fachmännische Urlaubspflege.

Die Urlaubsvertretung sollte die Tierarzt-Adresse, Medikamente und Futtergewohnheiten und wie wir sauber zu halten sind, mitgeteilt und gezeigt bekommen.

Viele Tierheime bieten eine Urlaubspflege im Tierheim an. Auch einige der Meerschweinchen-Notstationen nehmen Urlaubsmeerschweinchen auf. Wenn du und deine Eltern sich zeitig darum kümmern, dann geht es uns auch gut.

Leider ist es so, dass viele unserer Artgenossen, gerade zur Urlaubszeit, einfach ausgesetzt werden.
Z.B. vor Müllcontainern oder an Autobahnraststätten.
Manche werden in einem Karton im Wald ausgesetzt, vor dem Tierheim abgestellt oder einfach in der Wohnung zurückgelassen.

Wir finden das ganz schlimm, dass wir dann so „entsorgt" werden.

Habt ihr uns denn nicht lieb?

Stell dir einfach mal vor, deine Eltern würden in Urlaub fahren und dich einfach zurücklassen?

Haben wir das verdient?
Das ist einfach gemein.

FRAGEN
10. Kapitel: Urlaubszeit ... und wir?

1. Um was muss man sich auch schon bei der Urlaubsplanung kümmern?

2. Welche Informationen solltet ihr der Urlaubsbetreuung über uns geben?

3. Was möchten wir nie von dir erleben?
   Mehrere Antworten.

Der Tierarzt-Besuch

Bitte suche mit deinen Eltern immer zeitig die/den Tierärztin/Tierarzt auf, es kann uns unser Meerschweinchen-Leben retten!

Lieber einmal zu viel, als einmal zu wenig!

Damit der Tierarzt uns Meeris gut behandeln kann, sind einige Informationen sehr hilfreich:

Informationen für den Tierarzt/in:

- Was hat das Meeri die letzten 3 Tage gefressen, Nahrungsumstellung?
- Wann traten die Beschwerden erstmalig auf?
- Gewicht
- Alter
- Möglichst frische Köttel in einem kleinen Behälter mitnehmen
- Welche Maßnahmen haben Sie bereits selbst ergriffen?

Tipp:
Es sollte immer ein Plan zu Hause sein, welche Tierärzte gerade am Wochenende Notdienst haben oder es gibt eine Tierklinik mit 24-Stunden Notdienst in ihrer Nähe. Die Infos sichtbar aufhängen.

Und wie kommen wir nun zum Tierarzt hin?

<u>Die Transportbox für den Tierarztbesuch.</u>

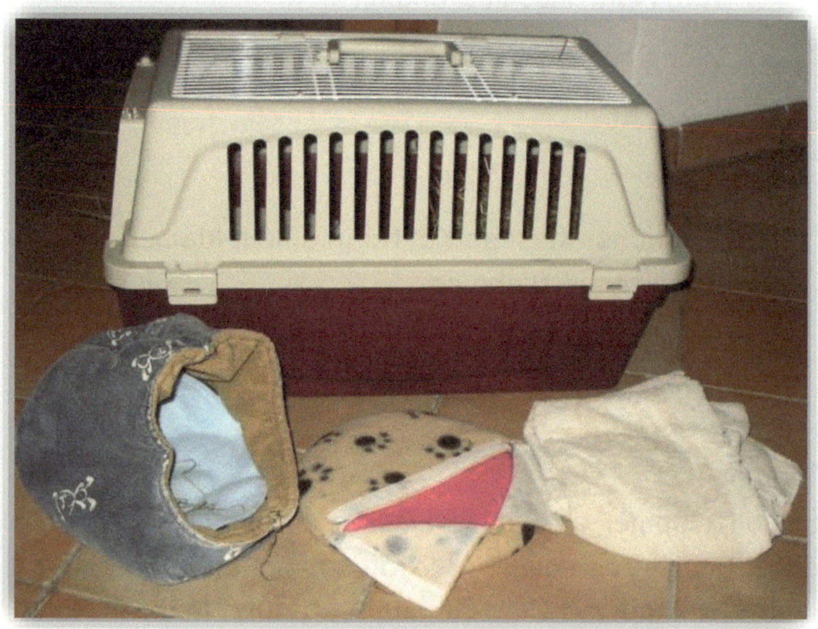

Auf den Boden ein Handtuch legen und die Transportbox mit einem Handtuch vor Zugluft schützen, denn wir sind sehr empfindlich und können uns ganz schnell erkälten.
Heu sollte auch in der Transportbox zur Verfügung stehen, wir wollen uns ja mit Heufressen ablenken.

Ach ja - keiner mag gerne zum Tierarzt, da riecht es immer sehr streng und wir fangen dann auch schon mal an fürchterlich zu schreien, vor lauter Angst.

Im Winter kann ein „Snuggle-Safe", ein in der Mikrowelle erwärmbares festes Heizkissen (aber unter ein Handtuch legen) gegen Kälte schützen.

Während der Autofahrt kann die Transportbox auf den Beifahrersitz gestellt werden und durch den Anschnallgurt, welchen man durch den Griff der Transportbox zieht, gesichert werden.

FRAGEN
11. Kapitel: Tierarztbesuch
Und wie kommen wir dahin?

1. Welche Informationen braucht der Tierarzt von dir? Mehrere Antworten.

2. Was sollte für den Transport zum Tierarzt immer griffbereit stehen?

3. Wie sollte die Transportbox ausgestattet sein? Mehrere Antworten.

4. Um einen sicheren Transport im Auto zum Tierarzt zu haben, was macht ihr mit der Transportbox?

Alte Meerschweinchen

Da kommen wir zu einem Thema, was mir besonders am Herzen liegt, nämlich wenn wir alt werden.

Ich, „Lady Cindy" bin alt, sehr alt sogar.

In Menschenjahren wäre ich bereits über 100.

Das Foto entstand am 11.06.2012

Alte Meerschweinchen - ich würde sagen, das fing bei mir so mit 6 Jahren an - sind wie alte Menschen.
Alles geht langsamer. Wir können einfach nicht mehr so schnell mit den anderen mit fressen, das Gewicht geht dadurch herunter. Wir schlafen mehr, unsere Beinchen

sind dann auch nicht mehr so schnell und das Fell lichtet sich, wird struppiger.

Ich kann euch sagen, das Jungsein machte mehr Spaß.

Aber sicherlich hast du eine Oma, frag sie doch mal, wie es ist älter zu werden, es ist genauso wie bei alten Menschen.

Auch das mit dem Hören lässt dann nach.

Gut - manchmal höre ich auch nur das, was ich hören möchte. Aber das Wichtigste ist, dass meine Nase funktioniert und ich mein Futter finde.

Ein Meerschweinchen mit 6 Jahren ist schon ganz schön alt und unser Alter ist nicht mit dem Menschenalter zu vergleichen, also wenn du 6 Jahre bist und wir auch, dann wir schon alt und du eben jung.

Wir werden mit allem eben langsamer und es wäre prima, damit wir auch in dieser Zeit noch ein lebenswertes Leben haben, wenn du uns auch nun nicht im Stich lässt, denn es gibt einiges, was du und deine Eltern für uns machen könnt.

Wir brauchen zusätzliche Wasserzufuhr mit der Spritze, damit unser Körper nicht austrocknet.
Und versorgt uns zusätzlich 2 - 3 täglich mit Päppelbrei ca. 15 - 20 ml, den nehmen wir meist sehr gerne an, dieser hält dann unseren Magen-Darm in Schwung.

Das Foto entstand am 01.07.2012, da war ich also schon 10 Jahre und 4 Monate, ein wahrlich stolzes Alter.

Heike versorgt mich, seit ich 7 Jahre alt geworden bin, täglich mehrmals mit dem Päppelbrei.
Zu Anfang wollte ich den gar nicht nehmen, aber ich weiß nun, dass ich ihn brauche. Außerdem genießen wir zwei dann unsere gemeinsame Zeit.

Auffälligkeiten wie: sehr viel schlafen (mögliches Herzproblem: ist gut mit Hundeherzmedi einzustellen), Bewegungsunlust (schmerzhafte Arthrose: auch hier gibt es sehr gute Unterstützung im naturheilkundlichen Bereich) bedarf einer tierärztlichen Untersuchung/Diagnose.

Unser Mensch Heike hat einige gute Erfahrungen gemacht,
die sie aufgeschrieben hat.

Für unsere Knochen:
Schüssler Salz Calcium fluoratum D6

Wenn die Hinterbeine nicht mehr so wollen wegen Arthrose, so gibt es hier auch Hilfe für uns, bitte lass uns nicht so, wir haben dann Schmerzen.

Vitamin B Komplex Tropfen

Chin. Heilkräuter: Backmotion.
Die Hinterbeinchen können auch 2 x täglich ganz sanft mit Arnica Salbe einmassiert werden, das regt die Durchblutung an, obwohl ich das weniger mag. Ich schimpfe dann mit Heike.

Für die Nerven:
Meeris bekommen dann schon Zuckungen (Nerven).
Vitamin B Komplex Tropfen.

Und auch eine Schwerhörigkeit …
stellt sich schleichend ein, das Meeri fixiert dann mehr mit den Augen, mache ich auch.
Die Augen können sich trüben und das Fell lichtet sich. Aber solange wir am Rudelleben teilnehmen und auch selbstständig fressen und trinken, haben wir Lebensqualität und wollen noch leben.

FRAGEN
12. Kapitel:
Alte Meerschweinchen

1. Nenne mir 6 Antworten, was bei alten Meerschweinchen auftreten kann. Mehrere Antworten.

2. Wir möchten auch jetzt nicht von dir im Stich gelassen werden, was brauchen wir nun vermehrt von dir?

3. Was brauchen wir im Alter zusätzlich, damit unser Körper nicht austrocknet?

Auch Meerschweinchen sterben ...

In den meisten Fällen werden wir wohl zu zweit gehalten. Aber wie das im Leben so ist, sterben wir nicht gemeinsam zum gleichen Zeitpunkt.

Bitte denke weitsichtig und lasse zeitig unkastrierte Böcke kastrieren, damit sie, falls sie ihren Partner verlieren, mehr Möglichkeiten haben, wieder ein Partner-Meeri zu bekommen, denn unkastriert darf das Böckchen keine Mädels haben. Auch einen Gnadenhofplatz zu bekommen, ist für ein unkastriertes Böckchen um ein Vielfaches schwerer als für ein kastriertes Böckchen.

Dann lasse bitte das übrig gebliebene Meerschweinchen nicht alleine. Denn es würde körperlich und seelisch sehr unter dem Verlust seines Meerschweinchen-Artgenossen leiden und sehr einsam sein und es könnte an der Einsamkeit sterben.

Hier kann immer Abhilfe geschaffen werden, ein fast gleichaltriges Meerschweinchen in den Meeri-Notstationen oder Tierheimen zu suchen.

Meist ist es auch möglich, eine Vergesellschaftung zu machen. Denn nicht jedes Meeri mag das andere, auch bei uns gibt es Sympathie und Antipathie. Du hast sicherlich auch sehr gute Freunde und welche, die du weniger magst oder? So ist das auch bei uns.

Bei einigen Meeri-Notstationen gibt es auch die Möglichkeit, das „übriggebliebene Meeri", in eine „Meerschweinchen-Senioren-Gruppe" zu geben. Dort sind meist alte und kranke Meeris, die nicht mehr vermittelbar sind. Einige der MS-Notstationen bieten auch schon „Leihmeerschweinchen" an, was wir für eine gute Idee finden, denn so braucht kein Meeri mehr allein zu sein, wenn das Partnermeeri gestorben ist.

Also – ich bin froh, dass Heike ein Herz für uns alte und kranke Meeris hat, denn so kann ich bei ihr bleiben, bis mein Herz aufhört zu schlagen.

Das ist Millas Grab, sie wurde am 09.01.2011 vom Lymphdrüsenkrebs erlöst.

FRAGEN
13. Kapitel: Auch Meerschweinchen sterben

1. Wenn unser Partner-Meerschweinchen verstorben ist, was brauchen wir dann direkt?
2. Und warum ist das so wichtig für uns?
   Mehrere Antworten.

Kleine Meeri-Apotheke

Deine Eltern haben sicherlich auch Medizin für Menschen zuhause oder?
Damit du uns direkt helfen kannst, sollte eine kleine Meeri-Apotheke im Hause sein.

Sab-Simplex oder Espumisan (bei Aufgasungen)

Critical Care, Rodicare instant, JR Farm Breifutter Herbivoren, Herbicare plus - (überlebenswichtige Nagernahrung, wenn das Meeri nicht mehr alleine fressen kann oder will (nach OP´s, Zahnbehandlungen, bei Aufgasungen und Durchfall) - in heißem Wasser anrühren, abkühlen lassen mit einer 1,0 ml Spritze mehrmals täglich langsam verabreichen.

Bene-bac plus Pet Gel, Prebiotix plus (zur Instandhaltung und Wiederherstellung der Magen-Darmflora)

Nux Vomica Globuli D6 (bei Aufgasungen)

Traumeel Salbe oder Tabletten bei versprungenen Pfoten – Zerrungen sind schmerzhaft und langwierig

Bepanthen Wund- und Heilsalbe für kleinere Hautverletzungen

Betaisodona Lösung, jodhaltiges Desinfektionsmittel

FRAGEN
14. Kapitel:
Kleine Meeri-Apotheke

1. Wenn du Meerschweinchen hast, was sollte dann im Haushalt da sein?
2. Nenne mir bitte die Medizin, die für uns Meeris da sein sollte. Mehrere Antworten.

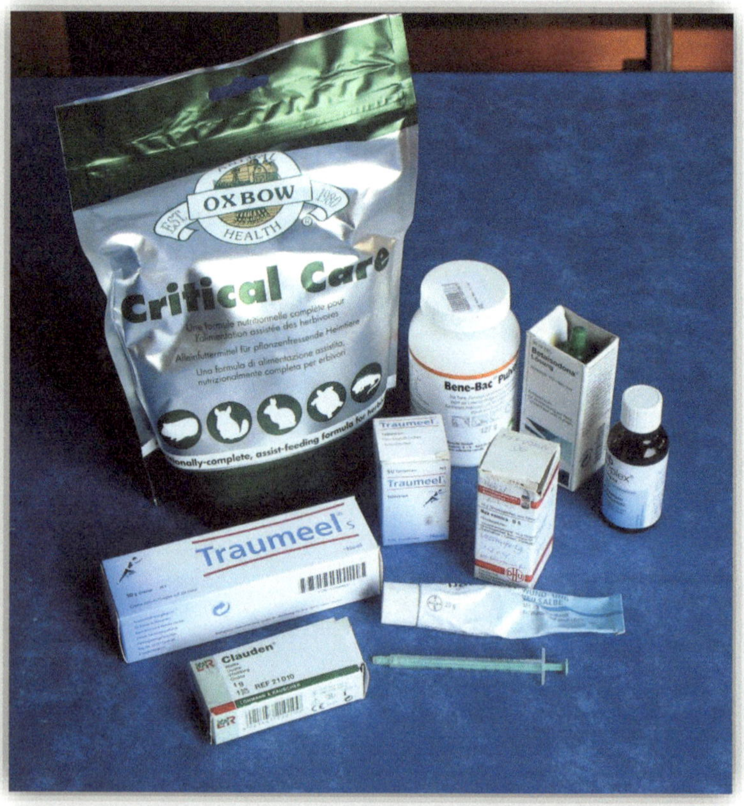

Pflege-Grundausstattung

Dann kommen wir zur Pflege-Grundausstattung eines jeden Meeri-Besitzers:

- Waage und einen Karton zum Wiegen, wo das Meeri nicht herausspringen kann
- Krallenschere
- Scharfe Schere/Fellschere mit abgerundeten Kanten (aus dem Hundezubehör) zum Fellschneiden
- Lupe, um in die Augen zu schauen
- Stethoskop, um unser Herz abzuhören und zur Früherkennung von Erkältungskrankheiten
- Taschenlampe, für das Krallenschneiden und für die Augen
- Weiches, feuchtes Tuch, um Augen zu reinigen
- 1,0 ml Spritzchen zum Päppeln
- Wattestäbchen, um die Nippel der Wassertränken zu reinigen
- Handtuch, wo du das Meeri dann draufsetzen kannst
- Transportbox für den Gang zum Tierarzt
- Snuggle Safe-Wärmekissen für den Transport im Winter zum Tierarzt und bei Krankheiten/-OPs
- Kleine Meeri-Apotheke

FRAGEN
15. Kapitel:
Pflege-Grundausstattung

1. Nenne mir mindestens 7 Dinge, aus der Pflege-Grundausstattung eines Meeri-Besitzers. Mehrere Antworten.

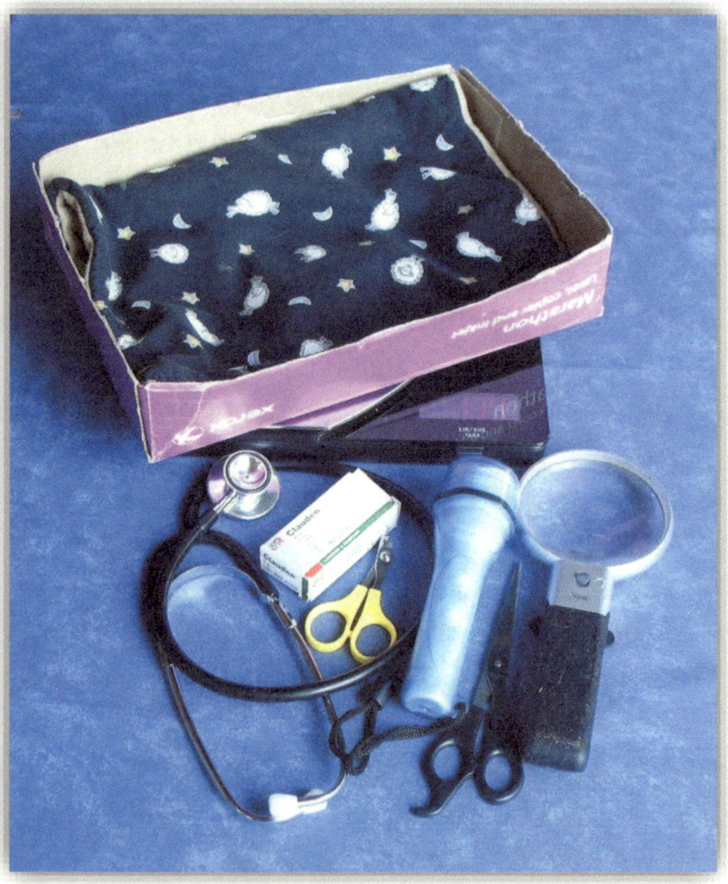

Fragen vor der Anschaffung

Wurde ein Test auf Tierhaar-Allergie, Streu/Heu-Allergie gemacht? Dies ist einer der häufigsten Abgabegründe der Meeris, und es gilt zu vermeiden, dass die Meeris zigmal in ein neues Zuhause ziehen müssen.

Wenn bei dir nun der Wunsch so groß ist, dass Meerschweinchen einziehen sollen, dann sprich bitte unbedingt mit deinen Eltern, es gibt vorher einiges zu bedenken.

Fragen vor der Anschaffung:

Sind deine Eltern und du bereit für 8 - 10 Jahre die Verantwortung für uns Meerschweinchen zu übernehmen? Überlege genau, denn wir wollen auch bei Krankheit und im Alter versorgt werden, dann nimmt die Versorgung sogar noch mehr Zeit in Anspruch.
Nimmst du dir immer die Zeit für uns? Denn gesundwerden, kann auch schon mal länger dauern.

Gibt es in eurem Haushalt andere Tiere? Hunde, Katzen, die Jagdtrieb haben?

Wir würden uns dann recht unwohl fühlen und hätten ständig Angst, weil wir für manche Hunderassen und besonders für Katzen in deren Augen ein „leckeres Fressen" wären.

Haben deine Eltern und auch du langfristig Zeit für die Meerschweinchen, denn die Reinigung und auch Fütterung nehmen Zeit in Anspruch.

Meerschweinchen brauchen jeden Tag ausreichend frisches Heu, frisches Wasser und Frischfutter und saubere Einstreu, außerdem machen Tiere auch Schmutz.

Bedenke, dass zu den Anschaffungskosten, Ausstattungskosten (großes, weitläufiges Gehege, Holzhäuser Tränke, Heuraufe etc.) Futterkosten, auch plötzlich hohe Tierarztrechnungen kommen können.

Röntgenbild kostet zwischen 40 und 50 Euro, ein Ultraschall ist noch etwas teurer

Auch die Krankenpflege bedarf der Zeit.

Gibt es jemanden im Notfall (z.B. Krankenhausaufenthalt), der sich um uns verantwortungsbewusst kümmert?

Fährst du mit deinen Eltern regelmäßig in Urlaub? Wer versorgt dann zuverlässig und mit Sachkenntnis die Meerschweinchen – also uns?

Hast du genug Platz, uns Meerschweinchen ein artgerechtes Zuhause zu bieten? Keine reine Gitter-Käfighaltung! **So wollen wir nicht leben!**

Wenn du und deine Eltern all diese Fragen mit **JA** beantworten können, bitte denkt vorher einige Zeit darüber nach und sprecht darüber, dann sind Meerschweinchen **deine** Tiere.

Woher hole ich die Meerschweinchen?

Was spricht **DAFÜR** ...
Meerschweinchen aus dem Tierschutz zu nehmen?

- Du gibst den Meerschweinchen eine zweite Lebens-Chance, denn wir sind doch keine Tiere zweiter Wahl, auch wenn wir im Tierheim oder in der MS-Notstation sitzen!
- Du hilfst aktiv im Tierschutz, denn für jedes vermittelte Meerschweinchen, kann ein anderes Meerschweinchen in Not aufgenommen werden,
- Die Meerschweinchen-Böckchen sind kastriert und eine weitere Vermehrung wird damit ausgeschlossen,
- Keine weitere Nachzucht, nicht wie bei den Zooläden/Züchtern, dort wird für jedes verkaufte Meerschweinchen wieder nachgezüchtet und die Tierheime und MS-Notstationen sind voll mit Meerschweinchen.
- Du bekommst in den MS-Notstationen Beratung und Hilfestellung, nicht nur vor der Anschaffung, auch im Anschluss, auch Urlaubsbetreuung wird in den meisten MS-Notstationen angeboten.

- Auch eine Vergesellschaftung auf neutralem Boden mit einem bereits vorhandenen Meerschweinchen wird von den MS-Notstationen angeboten.
- Auch wenn es mit der Symphatie zwischen den Meeris mal nicht so klappt, gibt es in den MS-Notstationen immer eine Lösung.

Wir haben Heike beauftragt für dich und deine Eltern einiges an Informationen aufzuschreiben.
In diesem Buch steht schon ganz viel Wissenswertes drin, aber es gibt noch viel viel mehr über uns zu erfahren ...

Empfehlenswerte Bücher

- **Meerschweinchen ... naturheilkundlich behandeln**
  In diesem Buch steht der wöchentliche Meerschweinchen-Check ganz ausführlich beschrieben, Frischfutterlisten mit Angaben zum Calcium/Phosphor und Vitamin C Gehalt und auch, was nicht gefüttert werden darf.
  Die häufigsten Erkrankungen (mit vielen Farbfotos) und unterstützende Hilfe, zur tierärztlichen Hilfe, durch den Meeri-Halter/in. Und auch Meeri-Geschichten finden in diesem Buch ihren Platz.

- **Das Meerschweinchen als Patient**
  von Ilse Hamel, Enke Verlag -
  Fachbuch für alle, die mehr wissen wollen.

- **Leitsymptome bei Meerschweinchen, Chinchilla und Degu**
  von Anja Ewringmann
  Enke Verlag - Fachbuch

- **Artgerechte Haltung - ein Grundrecht auch für Meerschweinchen**
  von Ruth Morgenegg, tb-Verlag

Empfehlenswerte Webseiten

Empfehlenswerte Webseiten
zum Thema Meerschweinchen

https://www.diebrain.de

Anregungen zu Eigenbauten

https://www.kleintiervilla.de

Buch: Claudia Wilde
Traumwohnungen für meine Meerschweinchen

Bezugsquellen

TA oder https://www.fuetternundfit.de
Bird Bene bac, ggfs. auch als Pulver
Critical Care auch beim TA

https://www.naturheilkunde-bei-tiere.de
Backmotion

Hilfe bei der Suche nach Meerschweinchen

Für jedes aus dem Tierschutz adoptierte Meerschweinchen kann ein Meerschweinchen in Not einziehen!

https://www.notstation.de
bundesweite Liste mit Meeri-Notstationen

Tierheime/Tierschutzvereine

Das Örtliche Veterinäramt
kann auch nach § 11 Tierschutzgesetz genehmigte Meerschweinchen-Notstationen nennen.

Lösungen zu unseren Fragen

1. Kapitel: Woher kommen wir Meerschweinchen?

1. **Woher stammen die Vorfahren der Hausmeerschweinchen?**
   ANTWORT: Süd-Amerika, den Höhenregionen der Anden
2. **Können wir Meerschweinchen schwimmen?**
   ANTWORT: Nein
3. **Wir haben Angst, vor was haben wir Angst?**
   ANTWORTEN: laute Geräusche, fremde Tiere, hochheben, plötzliche Bewegungen.
4. **Wenn wir Angst haben, was machen wir dann?**
   ANTWORT: Wir flüchten in unsere Behausung
5. **Womit können wir auch nachts unsere Umgebung wahrnehmen?** ANTWORT: Tasthaare
6. **Womit beschäftigen wir uns fast den ganzen Tag?** ANTWORT: Futter suchen
7. **Was fressen wir ausschließlich?**
   ANTWORT: Pflanzliches Futter
8. **Wie viele Zehen haben wir an unseren Vorderpfoten?** ANTWORT: Vier

2. Kapitel: Wir brauchen eine „Familie - ein Rudel"

1. **Wie heißt die „Familie" bei uns?**
   ANTWORT: Rudel

2. **Wir Meerschweinchen sind sehr gesellig, was brauchen wir unbedingt?**
   ANTWORT: Artgenossen, andere Meerschweinchen
3. **Wir haben ein Leit-Mädel und einen Leitbock, was gibt es im Rudel?**
   ANTWORT Eine feste Rangordnung
4. **Was haben wir genauso wie du?**
   ANTWORT: Gefühle, Schmerzen, Seele
5. **Bei uns Meerschweinchen gibt es Symphatie aber auch?** ANTWORT: Antipathie
6. **Was herrschte unter den Mädels wegen Bonny?**
   ANTWORT: Eifersucht

3. Kapitel: Geschlechterbestimmung

1. **Was gibt es bei uns genauso, wie bei euch Menschen?** ANTWORT: Jungs und Mädels
2. **Welchen Buchstaben kann man bei Böckchen erkennen?** ANTWORT: Ein O
3. **Welchen Buchstaben kann man bei einem Mädel erkennen?** ANTWORT: Ein Y
4. **Um ungewollte Meerschweinchen-Babys zu vermeiden, was darfst du dann nie machen?**
   ANTWORT: unkastriertes Böckchen und Mädels zusammensetzen
5. **Wozu kann es kommen, wenn wir von unserem Bruder gedeckt werden?**
   ANTWORTEN: Inzucht, Missbildungen

4. Kapitel: Wir möchten ein artgerechtes Zuhause

1. **Wir möchten nicht in einem kleinen Käfig eingesperrt sein, was brauchen wir, um uns wohl zu fühlen?**
   ANTWORT: viel Platz
2. **Was sollte nie in unserem Gehege sein?**
   ANTWORT: giftige Pflanzen und Kabel, die wir anfressen können
3. **Wie sollen unsere Holzhäuser aussehen und warum?**
   ANTWORT: Zwei Ein/Ausgänge haben, damit wir flüchten können
4. **Wir haben auch mal Langeweile, was mögen wir dann?**
   ANTWORT: Abwechselung, neue Häuser, Heu
5. **Was musst du regelmäßig machen, damit wir nicht anfangen zu „stinken"?**
   ANTWORT: Das Gehege reinigen
6. **Wie heißen unsere harten, braunen Hinterlassenschaften?** ANTWORT: Köttel oder Böhnchen

5. Kapitel: Der Standort unseres Zuhauses

1. **Wie soll der Standort unseres Zuhauses sein?**
   ANTWORTEN: zugluftfrei, rauchfrei, keine pralle Sonne, nicht neben der Musikanlage, TV oder Heizung
2. **Wenn du uns in einem Gittergehege laufen lässt, was musst du dann unbedingt machen?**
   ANTWORT: immer auf uns aufpassen

3. **Was können die jüngeren Meerschweinchen sehr gut?** ANTWORTEN: springen, klettern
4. **Was möchten wir gerne haben und freuen uns darüber?** ANTWORT: Abwechselung

6. Kapitel: Meerschweinchen und Außenhaltung

1. **Welche Gefahren lauern bei einer Außenhaltung?** ANTWORTEN: Greifvögel, Marder, Katzen
2. **Wie muss ein Außengehege gebaut werden? Eine ausführliche Antwort und auch warum.** ANTWORT: aus- und einbruchsicheres Gehege, das uns vor Katzen, Greifvögeln und Mardern (Marder und Katzen können buddeln) schützt.
3. **Worauf ist zu achten, damit wir keinen Hitzschlag bekommen?** ANTWORT: keine pralle Sonne
4. **Damit wir kein Bauchweh bekommen, woran sollen wir uns ganz langsam in täglich in kleinen Portionen gewöhnen?** ANTWORTEN: Gras und Frisches von der Wiese.

7. Kapitel: Unsere Ernährung ist wichtig

1. **Zwei Dinge müssen uns als Grundnahrungsmittel IMMER zur Verfügung stehen, welche sind dies?** ANTWORT: Heu und Wasser
2. **Welches Vitamin kann unser Körper, wie der Mensch, nicht selbst bilden und muss uns durch das frische Gemüse zugeführt werden?** ANTWORT: Vitamin C
3. **Was dürfen wir nie?** ANTWORT: hungern

4. **Welche Nahrung ist für uns ungesund?**
   MEHRERE ANTWORTEN: Kraftfutter, Fertigfutter mit Getreide, Lecksteine, Knabberstangen, sonstiges Industriefutter, Brot
5. **Und warum ist es für uns ungesund?**
   MEHRERE ANTWORTEN: es lähmt den Magen-Darm und es ist keine natürliche Nahrung
6. **Was ist im Sommer unsere Lieblingsspeise?** ANTWORT: Löwenzahn/Leckerzahn
7. **Was fressen wir im Sommer aus dem Garten gerne?**
   MEHRERE ANTWORTEN: Gänseblümchen, Gras, Sonnenblumen, Löwenzahn, Löwenzahnblüten, Haselnussblätter und Äste, Apfelbaumblätter und Äste
8. **Welches Gemüse fressen wir im Winter?**
   ANTWORTEN: Tomate, Gurke, Möhre, Zucchini, Fenchel, Knollensellerie
9. **Warum muss eine Futterumstellung immer ganz langsam erfolgen? Ausführliche Antwort.** ANTWORT: wegen unserem empfindlichen Magen-Darm, weil wir sonst eine Aufgasung und Bauchweh bekommen.
10. **Nenne 7 Gemüsesorten, die hochgiftig für uns sind.**
    ANTWORTEN: Bohnen, Avocado, Zwiebeln, Lauch, Knoblauch, Schnittlauch, grüne Tomaten und grüne Teile von Tomaten.

8. Kapitel: Unsere Gesunderhaltung

1. **Was sollst du einmal in der Woche machen, damit du weißt, wie es uns geht?**
   ANTWORT: Meerschweinchen Gesundheitscheck
2. **Aus was besteht der Meerschweinchen Gesundheitscheck? Nenne mindestens 7 Antworten.**
   ANTWORTEN: z. B. Wiegen, Nase fühlen, Ohren, Augen, abtasten, Krallen, Fell
3. **Wir können nicht schwitzen, was ist deshalb für Langhaar-Meeris im Sommer sehr wichtig?**
   ANTWORT: Fell kurz schneiden
4. **Wobei muss man beim Krallen schneiden bei uns aufpassen?** ANTWORT: auf die Blutgefäße
5. **Welche Hilfsmittel gehören zur Krallenpflege? Mehrere Antworten.**
   ANTWORTEN: Krallenschere, Taschenlampe, blutstillende Watte
6. **Bitte nenne uns fünf Krankheiten, die wir bekommen können?**
   ANTWORTEN: z.B. Aufgasung, Durchfall, Augenverletzungen, Zähne wachsen schief, Schnupfen
7. **Wer ist für unser Wohlergehen und unsere Gesundheit verantwortlich?**
   ANTWORT: deine Eltern und du.

9. Kapitel: Unsere Besonderheiten

1. **Nenne mir 5 unserer Besonderheiten.**
   ANTWORTEN: Nestflüchter, Zähne wachsen ein Leben lang, sehr gut riechen und hören und sogar Farbe sehen, Ohren und Zitzen fellfrei, schneller Herz-

schlag, nicht schwitzen, nicht erbrechen, nicht so gut pupsen, benötigen Vitamin C, fressen Blinddarm-Kot

2. **Was können wir viel besser als der Mensch? Mehrere Antworten.**
   ANTWORTEN: riechen, hören.
3. **Was ist bei uns viel schneller als bei Menschen?**
   ANTWORT: Der Herzschlag
4. **Was können wir nicht?**
   ANTWORTEN: erbrechen, schwitzen, nicht so gut pupsen

10. Kapitel: Urlaubszeit und wir?

1. **Um was muss man sich auch schon bei der Urlaubsplanung kümmern?**
   ANTWORT: die Unterbringung und Versorgung der Meerschweinchen
2. **Welche Informationen solltet ihr der Urlaubsbetreuung über uns geben?**
   ANTWORTEN: Tierarzt-Adresse, Info über Medi, was wir zu fressen bekommen, wie wir saubergemacht werden
3. **Was möchten wir nie von dir erleben?**
   ANTWORTEN: z. B. ausgesetzt werden, zurückgelassen werden

11. Kapitel: Tierarzt und der Transport

1. **Welche Informationen braucht der Tierarzt von dir?** ANTWORTEN: wie alt das Meeri ist, Gewicht, was es die letzten drei Tage gefressen hat, seit wann es die Beschwerden hat und was du oder deine Eltern bereits getan habt?

2. **Was sollte für den Transport zum Tierarzt immer griffbereit stehen?** ANTWORT: Transportbox
3. **Wie sollte die Transportbox ausgestattet sein?** ANTWORTEN: Handtuch und Deckchen für den Boden, Heu zum Fressen, etwas Kuscheliges zum Rückzug, Handtuch gegen Zugluft.
4. **Um einen sicheren Transport im Auto zum Tierarzt zu haben, was macht ihr mit der Transportbox?** ANTWORT: mit dem Sicherheitsgurt anschnallen.

12. Kapitel: Alte Meerschweinchen

1. **Nenne mir 6 Antworten, was bei alten Meerschweinchen auftreten kann.** ANTWORTEN: Gewichtsverlust, schlafen mehr, Beinchen werden langsamer, Fressen wird langsamer, Fell lichtet sich, Hören lässt nach
2. **Wir möchten auch jetzt nicht von dir im Stich gelassen werden, was brauchen wir nun vermehrt von dir?** ANTWORTEN: zusätzlich Wasser, mehrmals täglich Päppelbrei, ggfs. Medizin
3. **Was brauchen wir im Alter zusätzlich, damit unser Körper nicht austrocknet?** ANTWORT: Wasser

13. Kapitel: Auch Meerschweinchen müssen sterben

1. **Wenn unser Partner-Meerschweinchen verstorben ist, was brauchen wir dann direkt?** ANTWORT: Meerschweinchen-Artgenosse

2. **Und warum ist das so wichtig für uns?**
   ANTWORTEN: leiden körperlich und seelisch unter Einsamkeit und Verlust des Partners, können daran sterben

<u>14. Kapitel: Kleine Meeri Apotheke</u>

1. **Wenn du Meerschweinchen hast, was sollte dann im Haushalt da sein?**
   ANTWORT: Eine kleine Meeri-Apotheke.
2. **Nenne mir bitte die Medizin, die für uns Meeris da sein sollte.**
   ANTWORTEN: Sab Simplex, Critical Care, Bird bene bac Pulver, Nux Vomica D6, Traumeel, Bepanthen Wund- und Heilsalbe, Betaisodona Lösung und blutstillende Watte

<u>15. Kapitel: Pflege-Grundausstattung</u>

1. **Nenne mir mindestens 7 Dinge, aus der Pflege-Grundausstattung eines Meeri-Besitzers.**
   ANTWORTEN: Waage mit Karton, Krallenschere, Fellschere, Lupe, Stethoskop, Taschenlampe, 1,0 ml Spritzchen für Päppelbrei, Transportbox, Wärmekissen

Lady Cindy, die Botschafterin der Meerschweinchen sagt auf Wiedersehen!

Nun möchte ich mich von dir verabschieden und ich hoffe, du hast vieles über uns Meerschweinchen gelernt und wirst es **nie** vergessen. Bei mir wurde am 07.06.2012 ein Leber-Tumor festgestellt. Ich bin nach Beendigung dieses Buches am 13.07.2012 mittlerweile über 10 Jahre alt.

Am 18.07.2012 um 09:15 Uhr durfte Heike mich erlösen lassen, denn mein kleines Körperchen war voller Wasser und die Aufgasung wollte auch nicht weggehen. Heike war in dieser schweren Zeit an meiner Seite und traf die richtige Entscheidung.
Ich wurde 10 Jahre, 4 Monate und 18 Tage alt.

Jedenfalls hatte ich ein glückliches und erfülltes Leben in meinem Rudel. Ich bekam immer artgerechtes Futter, hatte ein großzügiges Zuhause und durfte die Liebe meines Menschen spüren.

Und danke, dass unser Schreiberling Heike mir **„Lady Cindy"** und **„Botschafterin der Meerschweinchen"** geholfen hat, unsere Wünsche für Haltung, Ernährung und Gesunderhaltung dir mitzuteilen.
In der Hoffnung, dass es nun vielen von uns Meerschweinchen besser gehen wird und du uns besser verstehen wirst, was wir uns vom Leben bei dir wünschen.

Achte und respektiere uns und sehe in uns ein „wertvolles Lebewesen".

Eine Seite für dich
und deine Meerschweinchen

Mein Name: ____________________

1) Name meines Meerschweinchens:

____

Weiblich/männlich: ____________________

Geboren: ____________________

Rasse: ____________________

Farbe: ____________________

2) Name meines Meerscheinchens:

____

Weiblich/männlich: ____________________

Geboren: ____________________

Rasse: ____________________

Farbe: ____________________

Autorenportrait-
Lady Cindy´s Schreiberling

Mein Name ist Heike B. Tschirner

geb. am 08.07.1966 und aufgewachsen im Rheinland, das heißt in Köln und Pulheim.

Meine, im Ehrenamt geführte und vom Veterinäramt nach §11 TierSchG genehmigte, kleine Meerschweinchen-Notstation ist meine Lebensaufgabe.

Mein Beruf ist eher trockener Natur, kaufmännische Angestellte, aber meine Berufung, die ich hier auf der

Erde leben darf, sind die Tiere. Ich bin Tierkommunikatorin, gebe Tierkommunikations-Seminare und stehe Tieren und deren Haltern mit Rat und Tat zur Seite. Außerdem schreibe ich Bücher über Tierkommunikation und engagiere mich aktiv im Tierschutz.

Meine alte Meerschweinchen-Dame „Lady Cindy" beauftragte mich dieses Buch zu schreiben, weil sie möchte, dass es in Zukunft vielen ihrer Artgenossen, den Meerschweinchen, bessergehen soll. Sie hat sich über mich Gehör verschafft. Ich war nur ihr verlängerter Arm am PC.

Ich bin dankbar für die Zeit, die ich mit der alten und weisen **„Lady Cindy"** hatte und werde sie immer im Herzen bei mir tragen.

Dank an Heike Georgi, die Illustratorin des Buch-Covers, sie hat meine Idee voll und ganz nach meinen Wünschen naturgetreu umgesetzt.

Bücher, die bereits von der Autorin im NOEL-Verlag erschienen sind

Meeri Geflüster I –
was Tiere uns zu sagen haben –
Tierkommunikation
ISBN: 978-3-940209-68-9
Preis: 14,90
Seiten: 363 mit Farbfotos

Meeri Geflüster II –
Tiere schützen ...
mit Tieren leben und kommunizieren –
Tierkommunikation
ISBN: 978-3-940209-69-6
Preis: 14,90 €
Seiten: 399 mit Farbfotos

Jette, eine Hündin beißt sich durch
ISBN: 978-3-942802-44-4
Preis: 14,90 €
Seiten: 195 mit Farbfotos

Hündin Jette
und das andere Ende der Leine
ISBN: 978-3-942802-038-8
Preis: 14,90 €
Seiten: 100 mit Farbfotos

Tierische Gefährten
ISBN: 978-3-942802-44-4
Preis: 14,90 €
Seiten: 154 mit Farbfotos

Meerschweinchen
... naturheilkundlich behandeln
ISBN: 978-3-95493-377-8
Preis: 16,90 €
Seiten: 185 mit Farbfotos

Auf alle meine Bücher, die direkt über den NOEL-Verlag bestellt werden, gehen 25% vom Ladenpreis an den Tierschutz!

Tiere leiten und begleiten uns, ohne danach zu fragen, ob wir arbeitslos, behindert sind oder sonstige Makel haben. Lassen wir die Tiere doch auch im Alter und bei Krankheit nicht im Stich. Jedes Tier hat seine Lebensberechtigung auf der Erde - respektieren wir diese. Einblicke in ein Meerschweinchen-Rudel mit der Rettung von Meerschweinchen, den Problemen innerhalb des Rudels, Krankheit, dem Sterben und dem Loslassen. Was wir Menschen mittels der Tierkommunikation von den Tieren erfahren und lernen können.

Jette, eine Hündin beißt sich durch

Spitz-Mischlingshündin Jette erzählt wo sie geboren wurde, was sie als Welpe erleben und erleiden musste. Wie sie durch mehrere Hände gereicht wurde und immer wieder seelische und körperliche Qualen erlitt, und Jette das Vertrauen in Menschen gänzlich verlor. Nach 10 Jahren wurde sie ausgesetzt und landete letztendlich im Tierheim. Jettes Verhalten ist eine aggressive Ängstlichkeit. Sie lässt sich nur von ganz wenigen Menschen anfassen. Dazu gehört eine ältere Dame, die seit 11 Jahren täglich im Tierheim Hunde ausführt und sich Jette zuerst annimmt. Im Frühsommer 2011 treffen Jette und Tierkommunikatorin Heike B. Tschirner aufeinander, warum und wieso dies geschieht, können sie gerne lesen. Eine wahre Geschichte, die noch kein Ende hat ... und die stellvertretend für die vielen seelisch und körperlich misshandelten Hunde und anderen Tiere steht ...

Die Tierkommunikation

Das Gespräch mit ihrem Tier

Was sie schon immer von ihrem Tier wissen wollten:

- Ist ihr Tier glücklich?
- Möchte ihr Tier mehr Auslauf oder Beschäftigung?
- Wünscht sich ihr Tier einen Artgenossen?
- Hat ihr Tier Wünsche an sie?
- Ist ihr Tier mit dem Futter zufrieden?
- Fühlt sich ihr Tier gesund oder krank?

Im Gespräch mit ihrem Tier helfe ich ihnen diese und andere Fragen an ihr Tier zu beantworten. Ich bekomme vom Tier übermittelt, was es zu sagen bereit ist.

MEHR ... über das Tierkommunikations-Seminar

Die Tierkommunikation ist die telepathische Verständigung zwischen Mensch und Tier. Sie besteht aus der Telepathie - der Gedankenübertagung sowie der Empathie - dem Einfühlungsvermögen.
Jeder Mensch beherrscht von Geburt an die telepathische Kommunikation, verlernt diese meist mit dem

Erlernen der Sprache. Naturvölker kommunizieren vielfach heute noch so. Tiere haben ihre Laute, Körpersprache, aber auch die intuitive Tierkommunikation als Verständigung.

Grundlagen hierfür sind:
Entspannen, Zuhören, Konzentration, respektvoller Umgang mit dem Gesprächspartner, Wertungsfreiheit.

Aber auch Übungen wie:
die Vorstellungskraft üben, telepathische Kommunikation üben.

Dies bekommen sie in einem Grundkurs vermittelt und erhalten Übungen an die Hand, mit welchen sie selbstständig weiter trainieren können, bis hin zur ersten Tierkommunikation mit einem Tier.

Kontakt zur Autorin ist erwünscht!

https://www.notmeerschweinchen-rhein-erft.de

Heike Tschirner & Team

Email: h.meeris@gmx.de

kostenlose Meeri-Hilfe-Hotline (Haltung, Ernährung, Erkrankungen, Vergesellschaftungen), Erstkontakt NUR per Mail, da berufstätig)
Kostenlose Meeri-Check Seminare

https://www.facebook.com/heike.link.7

Youtube:
https://www.youtube.com/watch?v=3M8bC6QvN9M

https://www.betterplace.org/de/projects/128087-meerschweinchen-was-uns-gluecklich-macht